LETTRES D'UN MARCHAND DE PARIS

SUR

L'EXPOSITION UNIVERSELLE

DES SOIERIES

SUIVIES DE NOUVELLES LETTRES

SUR LA FABRIQUE DE LYON

PAR J^h GÉRARD

(Extrait du SALUT PUBLIC)

LYON

IMPRIMERIE ADMINISTRATIVE DE CHANOINE

10, PLACE DE LA CHARITÉ

1855

LETTRES

SUR

L'EXPOSITION DES SOIERIES

DE LYON

LETTRES D'UN MARCHAND DE PARIS

SUR

L'EXPOSITION UNIVERSELLE

DES SOIERIES

SUIVIES DE NOUVELLES LETTRES

SUR LA FABRIQUE DE LYON

PAR Jⁿ GÉRARD

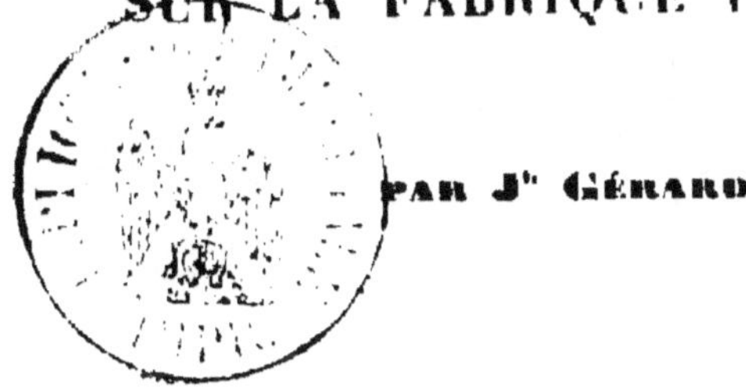

(Extrait du SALUT PUBLIC)

LYON

IMPRIMERIE ADMINISTRATIVE DE CHANOINE

10, PLACE DE LA CHARITÉ

1855

LETTRES

SUR

L'EXPOSITION DES SOIERIES

DE LYON

L'Exposition universelle des arts et de l'industrie est un fait inouï dans l'histoire des peuples, eu égard aux conditions politiques et morales au milieu desquelles il s'accomplit.

Ce calme majestueux de la France, cette force sûre d'elle-même ; cette double puissance de la guerre et de la paix, qui s'exerce dans le même instant ; cette quiétude de l'Europe entière, que le bruit des batailles ne détourne pas de sa marche pacifique sur Paris ; cette union de la France et de l'Angleterre pour le droit et la justice, pour le faible contre le fort : tel est le spectacle qui s'offre aujourd'hui à nos regards, à notre admiration.

Spectacle étrange, en vérité, qui n'a pas de précédent dans le passé, et qui témoigne en même temps de toute la puissance de la civilisation au XIXe siècle.

L'Angleterre, que notre vanité avait faite un peuple de coton et de fer, nous apparaît, dans la céramique et l'orfévrerie, digne d'être notre rivale. L'Allemagne nous atteint avec ses cristaux, nous surpasse dans la galvanoplastie industrielle. L'Amérique, non contente de nous prendre des bras, dont elle manque, s'en crée de nouveaux et d'innombrables avec ses machines, appliquées à toutes les choses usuelles de la vie. La Belgique nous étale ses draps souples et légers, merveilleux de nuances, ses toiles régulières, fines, non surpassées en France. La Hollande nous éblouit avec ses laques nacrées et pleines de goût. La Suisse, dans ses flots de mousseline, semble menacer Tarare. L'Espagne avec ses armes de luxe, l'Italie avec ses marbres et ses mosaïques, l'Inde avec ses meubles de bois de fer à jour, nous donnent la preuve qu'elles ont retrouvé une partie de ce goût qu'elles avaient perdu.

Tout, en un mot, nous indique que la civilisation marche en avant, et que, partie, dans notre temps, de la France et de l'Angleterre, il n'est pas un coin de ce monde qu'elle n'éclaire de ses rayons, qu'elle ne vivifie de sa lumière. Ce que l'imprimerie a fait au XVe siècle pour la sauver, la vapeur et l'électricité le font dans le nôtre pour la propager. C'est une loi de Dieu; elle prévaudra dans l'avenir contre le canon.

Au milieu de ce concours, la France, il faut le dire, à l'endroit du goût industriel et du sentiment de la forme artistique, tient le premier rang, le premier rang incontesté, et l'on doit convenir que ce goût général, qui nous apparaît aujourd'hui chez les peuples les moins susceptibles d'en avoir, est une importation toute française faite par nos ouvriers, nos produits et nos idées.

L'alliance anglo-française fera plus pour l'Angleterre que le palais de Sydenham. Quand tous les peuples auront du goût, quel sera le lot de la France? Les pessimistes diront qu'il sera fort réduit; mais s'ils réfléchissent que le goût implique nécessairement la nouveauté, ils finiront par comprendre qu'un rôle magnifique est longtemps destiné à notre pays.

Le goût, en effet, au point de vue industriel, n'est plus une chose stationnaire, comme dans les républiques italiennes du moyen âge. Il est évident que les acheteurs, aujourd'hui, qui sont les Médicis de notre temps, doivent être conquis, pour ainsi dire, au milieu de cette immense production industrielle. C'est le goût, mais un goût toujours nouveau, qui fait cette conquête.

Avouons, cependant, que si aux conditions morales et intellectuelles que Dieu nous a faites, nous pouvions joindre cette aptitude des larges affaires, fonds dominant des Anglo-Américains, notre part serait a'ors bien plus belle.

L'idée que l'on peut se faire de la puissance commerciale et relative de chacun des peuples représentés à l'Exposition est incomplète ; elle est même impossible. Elle est évidente, s'il s'agit de l'Angleterre, pour ses cotons ; de l'Amérique, pour ses machines. Pour tout le reste, répétons-le, ce n'est que doute et ténèbres.

La même incertitude existe à l'endroit du prix des articles similaires. Le prix de vente à l'Exposition n'est pas toujours une vérité. Il n'y a donc pas de comparaison possible à faire. Il faut se contenter de ce que l'on voit, et ne juger que la perfection des produits exposés.

Il est à croire que le jury, dans son rapport définitif, par des considérations générales plus que par des détails, nous éclairera quelque peu sur cette double question : De l'importance manufacturière de chaque peuple et du prix comparé des mêmes articles.

Après toutes ces réflexions, qu'il nous soit permis d'ajouter que l'impression que l'on garde le plus longtemps, au sortir de ce colossal bazar de l'industrie humaine, est celle-ci :

Les peuples sont des individus. Ils ont chacun une aptitude naturelle. Cette aptitude, ils la doivent à leur sol, à leur climat, à leur race, au milieu enfin dans lequel ils vivent. Parmi les peuples bien doués, comme parmi les individus intelligents, il n'en est pas un qui n'ait sa puissance personnelle. Or, cette puissance-là est une chose invincible.

Les peuples, comme les individus, en négligeant ce qui leur est propre, s'usent dans l'usurpation de cette puissance pour laquelle ils ne sont pas nés. C'est là l'argument le plus vrai et le plus simple en faveur de la liberté commerciale; c'est là qu'on peut trouver, dans les nations comme dans les familles, la cause de toutes les perturbations qui les traversent.

Mais toutes ces réflexions nous mènent trop loin et nous écartent de notre sujet. Hâtons-nous d'y rentrer. Pour tout ce qui touche à la perfection industrielle, la France, au niveau des uns pour quelques articles, surpassée par les autres pour certains produits, se pose comme une reine sans rivale dans trois industries, qui sont: les soieries de Lyon, les bronzes et les meubles de Paris.

Nous avons pris la plume pour vous rendre un compte détaillé et fidèle de la première seulement de ces trois spécialités, les soieries de Lyon. Notre position de petit marchand à Paris, ou, ce qui est plus modeste, de boutiquier, nous met à même de traiter cet *article* avec quelque connaissance de cause. Nous le ferons avec justice et impartialité. Nous dirons la vérité à chacun, sans amertume et sans parti pris. Nous nous arrêterons devant chaque étalage, passant l'un, y revenant, prenant l'autre et le laissant, mais n'oubliant personne, suivant, en un mot, le vent de la fantaisie. Je ne sais si, à l'instar des journaux de Paris, ceux de Lyon font des comptes-rendus de l'Exposition et du rôle qu'y jouent les soieries françaises ; mais tout ce que je sais, c'est que cette industrie a trop de vie et de puissance, et qu'elle est trop glorieuse pour notre pays, pour ne pas mériter un examen spécial et approfondi.

J'ai entendu des fabricants lyonnais se plaindre de ce que les soieries avaient été placées dans une galerie supérieure, qui, malgré le voisinage du salon de l'Impératrice, n'est pas toujours fréquemment visitée. Ce reproche est fondé, en effet ; mais ce qui l'est plus, c'est que l'espace manque à cette exhibition lyonnaise. C'est un dédale où l'on s'égare. Le fil d'Ariane ne suffirait pas pour se retrouver. Toutes ces cases, rapprochées les unes des autres, s'écrasent réciproquement. Dans les trois quarts d'entre elles, le jour est tellement mauvais, par suite de leur rapprochement, que c'est à peine si l'on y voit en plein midi.

Puisque la fabrique de Lyon n'a pas été jugée digne de figurer dans le transept, la place pour elle la plus naturelle, c'est-à-dire la meilleure, et Dieu sait si elle la méritait, était la ligne tout entière du côté du salon de l'Impératrice.

Sur une partie de cette ligne figurent, je le sais, un certain nombre de fabricants ; ce sont là les élus. Mais ils ne forment pas à eux seuls le quart des exposants. Tous les autres sont, à peu de chose près, dans le royaume des ombres.

Les châles pendent comme des linceuls ; les robes à volants cachent dans leurs plis serrés les merveilles de leur séduction. Les étoffes les plus riches deviennent de misérables souquenilles ; les nuances confondues produisent des gammes discordantes. C'est un peu l'aspect du Temple, avec la sinuosité de ses ruelles et sa couleur locale de bric à brac. Les yeux que Dieu nous a donnés sont impuissants à débrouiller ce chaos ; il faut qu'ils appellent à leur secours, avec un peu de bonne volonté, quelque peu aussi de foi et de charité ; car ce que l'on ne voit pas, il faut le supposer beau et digne du reste.

L'exposition lyonnaise, faite sur une seule ligne, eût produit un effet merveilleux ; c'eût été le front de bataille de la France industrielle. Rien n'eût été perdu pour les yeux et pour l'appréciation du public, et de plus, tous les exposants eussent été satisfaits.

D'autres personnes ont regretté qu'une exposition d'honneur, permanente et constamment renouvelée n'ait pas été faite pour les produits de Lyon dans le Panorama, espèce de sanctuaire au centre duquel resplendissent les diamants de l'Empereur et de l'Impératrice, ainsi que ceux de la Couronne. On sait, du reste, que là sont étalés les spécimens les plus précieux de l'industrie française, tels que l'argentine électro-chimique de Christofle, les porcelaines de Sèvres, l'aluminium en lingots, quelques bronzes artistiques, quelques coffrets de Tahan. Les murs sont couverts de tapisseries de Beauvais, des Gobelins, de Sallandrouze, et de délicieux tableaux de porcelaine peinte, d'une suavité admirable.

Les produits de Lyon eussent été parfaitement placés au milieu de tous ces chefs-d'œuvre ; mais alors il eût fallu adopter un autre système d'étalage, pour ne rien ôter à la majesté du lieu. On aurait disposé les robes de Lyon sur des étagères, en les laissant en pièce, et en ne déroulant que la partie nécessaire pour faire juger le dessin, le tissu et la nuance.

Cette exposition d'honneur, que l'on regrette, et qui aurait sans aucun doute suscité quelque jalousie, a été tentée par la Chambre de commerce, dans le grand transept, aux premiers jours de l'ouverture. La Chambre de commerce avait, dans ce but, fait construire une immense vitrine. Le résultat obtenu n'a pas été favorable ; cela ressemblait assez à une boutique du boulevard ou de la rue Richelieu. Cette vitrine a été revendue à un fabricant de châles de Paris, M. Hébert, qui y a placé ses produits au milieu des réclamations de ses confrères moins bien placés que lui. On n'a du reste, sur ce sujet, aucune récrimination à adresser à la Chambre de commerce. Elle a fait tout ce qu'elle pouvait : elle a lutté pour l'espace, elle a lutté pour l'emplacement contre les différentes commissions de Paris. Les boutiquiers, dont je fais partie, ont fait jouer tous les ressorts pour être admis, non à titre de manufacturiers, cela eût été trop fort, mais à titre de confectionneurs ; aussi, quelques-uns d'entre eux ont à l'Exposition jusqu'à deux ou trois vitrines. Hâtons-nous de dire, à l'honneur du commerce de Paris, que les maisons de détail les plus importantes se sont abstenues.

La Chambre de commerce a fait élever à ses frais toutes les vitrines de Lyon ; elle a pourvu à tout. Le fabricant de Lyon dont les produits s'étalent au palais des Champs-Elysées, y est entré sans bourse délier. Ceux de Paris n'en peuvent dire autant. J'en connais plus d'un qui engloutira en frais d'exposition les bénéfices de son année.

Ce qui manque aux fabricants (et en cela la Chambre de commerce n'y est pour rien, car c'est le corps tout entier des exposants lyonnais qui en devait prendre l'initiative), ce qui manque, disons-nous, c'est un comité permanent de renseignements, établi au sein même de la section des soieries, comme il y en a pour l'Angleterre, l'Espagne, la Prusse, etc.

Ce comité, composé d'hommes salariés, capables et actifs, eût donné tous les renseignements sur les prix, et surtout sur l'itinéraire à suivre pour trouver tel ou tel fabricant.

En sortant du salon de l'Impératrice, la première vitrine qui attire les regards est celle de MM. Schulz frères et Beraud. Cette maison passe, à Lyon, pour être à la tête de la nouveauté. C'est d'elle, en effet, que découlent, comme autant de sources qui fécondent, toutes les idées qui sont ensuite traduites par les autres fabricants en étoffes moyennes pour la grande consommation. Elle joue aujourd'hui le rôle de Camille Beauvais en 1820 ; celui de Dépouilly en 1828. C'est là un rôle dont elle doit être fière.

C'est à elle que l'on doit la résurrection de la moire antique, importée à Lyon vers la fin du XVIIIe siècle, par Jean Badger : article qui était délicieux dans les mains de cette maison, et qui a singulièrement dégénéré dans les mains de beaucoup d'autres.

Cette maison sait fouiller dans les archives du passé, et sans rien créer qui soit littéralement nouveau, elle remet au jour de vieilles étoffes qui étaient autrefois la gloire de la fabrique de Lyon.

C'est ainsi que le souvenir d'un vieux tissu pour gilet, le *droguet poil*, la met sur la voie d'un article nommé *brocatelle* et qui, la Jacquard aidant, est devenu la chose la plus riche qui se puisse voir. Lancée dans le grand courant de la fabrication, cette idée a fructifié. Ce n'est pas trop s'avancer que de dire qu'on lui doit, depuis huit années, une somme peut-être de quinze millions d'affaires.

Beaucoup de robes à volants, exposées par MM. Schulz frères et Beraud sont d'un goût parfait. On ne saurait trop admirer ces volants en velours de trois ou quatre nuances, dont le dessin se perd en mousses et en brindilles capricieuses et légères. Le même genre, en nuance camaïeu, appliqué à des volants lamés argent d'une souplesse extraordinaire, produit une robe de bal d'un effet vraiment féerique.

Quelques volants en velours chiné, fleurs naturelles, sont également très beaux.

Une robe fond taffetas, volants velours uni, couleur puce, est aussi très remarquable. C'est une idée simple et de bon goût, qui va mettre pour cet hiver les volants velours à la mode. Seulement, MM. Schulz frères et Beraud ne seront pas ceux qui en feront le plus.

Plusieurs articles au mètre sont aussi d'une grande richesse : des velours frisés et coupés, à larges bandes, reposant sur des fonds pous-de-soie, donnent aux formes du dessin une teinte de neige d'une grande nouveauté. Sur d'autres robes, ce sont des rayures de damas bosselé, ombré, séparées l'une de l'autre par des fleurs brochées d'une délicatesse infinie, et d'un nuancé plein d'harmonie. C'est d'un goût moins pur cependant que le reste, et c'est, en étoffe espoulinée, ce qu'il y a certainement de mieux dans toute l'exposition de Lyon.

Une robe à volants peluche avec des hauteurs de poil qui se fondent, est une chose moins heureuse ; mais ce qui l'est encore moins, au point de vue de l'emploi, c'est le fameux manteau de cour. En tant que difficulté vaincue, cette œuvre est sans aucun doute pleine de mérite ; mais nous ne connaissons que Titania, dans les noces d'Obéron, qui pourrait se passer la fantaisie de porter ce manteau. Le tissu d'or en est singulièrement souple et moelleux; mais la nature du dessin, les brindilles cerise et blanche qui le recouvrent, lui enlèvent ce cachet de grandeur et d'unité qui sied si bien à des épaules royales. Cet essai de style de cour est, après tout, bien supérieur au manteau de cour de crêpe de chine, brodé de lacets d'or, que la maison Opigez a exposé.

La collection de MM. Schulz frères et Beraud est la collection la plus variée, la plus complète, la plus savante de toutes celles de Lyon.

Les fabricants étrangers ont très peu à y prendre, et les femmes encore moins; car toutes ces robes sont d'un prix fabuleux, et il y en a même très peu qui soient portables dans la rue.

Pour des produits de cette nature, il n'y a pas place à Lyon pour plusieurs fabricants, et il en sera longtemps ainsi. C'est là ce qui fait la force et l'audace de cette maison. Sans rivale, elle peut tout oser; toutes les fantaisies de son imagination lui sont largement payées, et ne comptant ni avec la soie, ni avec les frais de toute nature, elle est naturellement sur la voie des chefs-d'œuvre. Ce rôle est beau, mais il est, après tout, moins difficile qu'on ne le suppose.

Par manière d'antithèse, et aussi pour reposer notre imagination éblouie, nous voilà devant la vitrine de MM. Brosset et de Boissieu. Cette vitrine est en deuil, c'est-à-dire qu'elle ne contient que du noir. C'est tout au plus si nous distinguons des effets bleus ou verts comme bordure de volant. Ce sont là des robes de consommation, faites simplement, mais avec goût. Des serges, des satins, des lustrines, tous articles de grande fabrication : c'est par là que les ouvriers vivent, non pas tant par le salaire élevé que par l'absence du chômage et la modicité des frais.

Un magnifique exemplaire de la gravure du Jacquard de Bonnefond, par Vibert, est exposé dans la vitrine de cette maison. Les placides bourgeois s'arrêtent devant elle, ayant peine à comprendre que le tissage produise des merveilles aussi bien réussies. Mieux avisé qu'eux, un écrivain du *Courrier de Lyon* a émis le vœu que cette gravure fût reproduite par le métier. Ce conseil tardif, il y a douze ans que M. Didier Petit l'a devancé.

M. Brosset est président, depuis longtemps, de la Chambre de commerce. C'est l'un des hommes le plus justement considérés de l'industrie lyonnaise, et il le mérite, car toute sa vie a été consacrée à la chose publique, non par ambition, mais sans ostentation aucune et par un sentiment de dévoûment qui n'a jamais failli.

En parcourant la rangée immense de vitrines qui appartiennent à MM. Godemard Meynier et Delacroix d'une part, et à MM. Mathevon et Bouvard de l'autre, nous nous sommes crus devant une exhibition de peinture. Avec plus d'attention, nous remarquons que c'est un parterre émaillé des fleurs les plus variées et les plus coquettes qui soient au monde; plus d'une fois le soleil s'y est trompé, et a traité ces pauvres fleurs comme de vraies fleurs, en faisant passer la fraîcheur de leur beauté. Un papillon qui, d'aventure, se serait égaré dans ces vitrines qu'il aurait prises pour des serres, se serait, comme le soleil, trompé à leur délicatesse, à l'harmonieuse vivacité de leur coloris. Ce peu de variété de ton et d'effet tient, chez ces deux fabricants, à l'emploi uniforme du broché.

MM. Godemard et Meynier, inventeurs d'un système de montage de métiers qui promet une grande variété d'armures dans les articles de plusieurs fils à la découpure, ont tiré tout le parti possible de cette invention. C'est surtout par l'ingénieux et économique emploi des moyens mécaniques que cette maison a établi sa supériorité.

Les étoffes brochées du XVIII° siècle, un moment à la mode dans le nôtre, sont un peu délaissées aujourd'hui. La robe à volants s'accommode difficilement de la grossièreté de ces formes, qui sont la conséquence du broché, et de cette gamme de nuances toujours la même. Quand le genre *Pompadour* est tombé, quelque chose qui découle de la même école, mais à l'état de contraste très opposé, est arrivé à point: c'est le droguet, que nous verrons plus loin. C'est toujours ainsi que la mode procède, par antithèse prononcée.

Une robe de MM. Godemard et Meynier, qui se trouve en dehors du ton général de leur exposition, nous a paru très belle. Ce sont deux larges feuilles de nénuphar, d'une seule couleur, enchevêtrées au bas d'un volant.

Chez MM. Mathevon et Bouvard, l'or et l'argent sont souvent mêlés aux nuances vives de leurs bouquets détachés, lointaine ou involontaire imitation des étoffes que l'Inde envoyait dans le XIIe siècle à la cour de Byzance, et dont j'ai vu la reproduction à l'exposition de Londres, par la fabrique lyonnaise du XVIIIe siècle (collection Bert).

La robe à volants, dans les salons comme dans la rue, a tué ces monumentales étoffes dont la vogue, du reste, a été courte ; elles ne pourraient avoir aujourd'hui de raison d'être que dans la fantaisie d'une vieille marquise s'efforçant de revivre dans le passé.

Quelques gilets de MM. Mathevon et Bouvard sont d'un goût parfaitement européen, et bien supérieurs, à ce point de vue, au dévergondage de *poil* que nous retrouvons chez la plupart des fabricants de cet article.

Leurs étoffes pour meubles, les posent comme des fabricants toujours à la hauteur des transformations que l'art de l'ameublement a subies depuis une trentaine d'années. Ils sont à cet endroit bien plus avancés que MM. Grand frères, qui nous ramènent à 1810 ; mais ils le sont beaucoup moins que deux fabricants de Tours, qu'ils ont à leur droite, et qui, par la nature de leurs dessins, la composition de leurs tissus, et l'harmonie surtout de leurs nuances, me semblent devoir être cités comme les rois du genre.

Le portrait de Washington est magnifique; il compte, dès aujourd'hui, parmi les chefs-d'œuvre, et ne sera pas surpassé.

En outre de ses damas, de ses brocatelles pour meubles et de ses lampas, qui sont d'un goût large et sévère, M. Yéméniz a dans sa vitrine une portière destinée, je crois, au duc de Luynes. Je ne sais si l'ordonnance et le plan de cette œuvre ont été imposés à ce manufacturier; tout ce que je puis dire, c'est que l'effet en est morne et triste, et qu'une portière pareille dans le salon d'un duc ou d'un bourgeois, me fait un peu l'effet d'un tapis d'Aubusson. M. Yéméniz, qui est peut-être l'homme de Lyon le plus versé dans la science des tissus, qui a des goûts d'antiquaire et d'homme érudit, doit connaître parfaitement les tentures en cuir de Flandre ou de Cordoue, relevé en bosse et illustré d'arabesques et de filets d'or. Il se rappelle que sur leur fond d'ocre ou plutôt de sépia, où la lumière vient se briser, par l'effet des creux et des saillies, d'espace en espace, sont semés des emblêmes héraldiques, avec des tons de vermillon ou d'outre-mer, veinés de vives arêtes noires.

C'est là un des styles à appliquer, ce nous sem-ble, de préférence, à la portière, genre de tenture que l'amour du luxe, ou le besoin d'en montrer, doit aujourd'hui faire plus riche, plus resplendis-sant que par le passé. Du reste, en fait d'ameu-blement, comme en fait d'ornement d'église, les modèles existent dans le passé, modèles que nous ne pouvons pas surpasser, car ils sont consacrés par la tradition, cette poésie du souvenir. Ces modèles, nous les trouverons dans l'Inde à l'état primitif, dans l'Espagne des rois maures, dans l'Italie du moyen-âge, et surtout à Byzance.

Visitons les autres vitrines des fabricants de meuble de Lyon; nous trouverons chez tous à peu près le même caractère. La feuille d'acanthe contournée, déchirée, entrelacée à des ornements doriques ou ioniens; des fleurs naturelles lourdement ciselées et souvent semblables, voilà l'effet général. Si le style est à peu près uniforme, la dimension des dessins est généralement la même; ce qui contribue encore à donner à tous ces produits un air de famille très prononcé.

M. Moras n'est pas exempt de ce parti pris; MM. Bouvard et Lançon pas davantage. M. Lemire seul sort de cette voie commune. On sent qu'il est allé aux sources; ses étoffes pour meubles sont évidemment inspirées par des études et des recherches très approfondies. Le plus grand nombre de ses dessins, soit par leur composition, qui laisse valoir le fond, soit par l'absence du broché, répondent parfaitement à ce besoin de formes nouvelles. Un genre d'étoffe surtout, fond bleu damasquiné, autant que l'obscurité peut nous permettre de le distinguer, semé de petites fleurs impossibles, uniformes et rapprochées, rentre complétement dans la manière de ces tentures du moyen-âge, où sur un fond de damas de Chine, des motifs réguliers en deux couleurs et brodés à la main, venaient s'enlever en nuances tranchantes et en formes ordinairement sphériques. C'était, du reste, dans ce temps-là, une imitation inspirée par les voûtes des cathédrales byzantines, peintes en bleu d'outre-mer et semées d'étoiles d'or et de cinabre.

De nos jours, avec notre luxe d'ameublement, de bronzes, de tableaux, d'objets d'art, il n'y a de possible comme tenture que ces étoffes où le fond domine le dessin en deux nuances, ou bien celles à effets régulièrement contre-semplés.

L'Amérique espagnole, qui devrait avoir conservé les traditions de ce goût si pur et si oriental que lui avait légué sa mère-patrie, s'en est bien éloignée aujourd'hui, car c'est elle qui consomme maintenant le plus de ces étoffes lourdes et chargées de couleurs. C'est ce qui explique aussi pourquoi, à peu de chose près, les fabricants de Lyon se rencontrent sur la même voie.

Il en est de même des ornements d'église, traités à Lyon également par les fabricants de meuble. M. Lemire en a de très beaux, inspirés encore par les mêmes études byzantines.

La majesté du culte ne permet pas ici de faire de la nouveauté. La tradition est sacrée; le mieux est donc de suivre pas à pas les matériaux que l'Orient peut nous fournir. L'art, sur ce point, était poussé, dans le Bas-Empire, au plus haut degré de perfection; il était imprégné de cette naïveté de croyance qui est le fond des premiers siècles du christianisme. C'étaient des légendes tout entières racontées à l'aiguille sur des étoffes d'or et ruisselantes de pierreries.

Les apôtres et les saints, au milieu d'encadrements circulaires, ne redoutaient pas le voisinage des guivres et des monstres que la fantaisie chinoise envoyait en Orient. Les artistes de Constantinople modifièrent peu à peu l'étrangeté bizarre de ce style, qui avait sa source dans la croyance aux êtres surnaturels, que l'école d'Alexandrie avait répandue dans le monde. Bientôt ils arrivèrent à cette manière admirable qui est devenue le vrai type oriental, et dont nous avons deux précieux spécimens chez les exposants lyonnais : une robe impériale, dont nous parlerons plus loin, et une dalmatique, par MM. Bouvard et Lançon. Cette dernière étoffe est en satin et lévantine, les nuances sont pâles et froides avec des teintes de porcelaine, genre de coloris particulier aux tissus façonnés de l'Inde et de Constantinople. Une tête d'ange encadrée de petites fantaisies sans nom et sans forme fait tout le dessin ; cette tête d'ange est régulièrement contre-semplée. A la vue de ces milliers de séraphins, qui ont tous le même regard, on se rappelle la naïveté des premiers peintres de Constantinople qui, sur les fonds d'or de leurs chapelles et dans les soubassements, se servaient du même effet ; la pensée vous ramène naturellement à Sainte-Sophie, en pleine civilisation du Bas-Empire, au milieu de cette population si vive et si noble, que les traditions de l'antiquité avaient choisie pour dernier refuge.

Nous en avons fini avec les meubles et les ornements d'église. Nous nous sommes arrêté avec complaisance sur cette branche importante de l'industrie des soieries, car elle est le titre le plus ancien de la gloire lyonnaise. Dans le XVIIe et le XVIIIe siècle, elle était peut-être la seule largement exploitée; car la noblesse et le c'ergé, dans les jours de grande et de petite tenue, voulaient marcher à l'unisson de la royauté qui, par l'or et les pierreries dont elle aimait à se couvrir, était comme à l'état permanent de soleil.

Dans ce temps-là, nos mères, celles qui étaient du peuple, étaient vêtues de droguet et de camelot de laine. Chez les femmes de boutique et de commerce, la robe de soie, quoique bien modeste, devenait une sorte de monument domestique; c'était une relique de famille que l'on se repassait de génération en génération. Il n'en est plus ainsi aujourd'hui.

Nous passons devant la vitrine de M. Roche, qui doit être fabricant de velours. Elle est remplie d'étoffes découpées à l'emporte-pièce, dans des formes de guipures: des dessous de florence cerise ou bleue font ressortir les dessins à jour. Une Andalouse *au teint bruni* qui s'arrêterait devant cette vitrine, ne pourrait mieux faire que de se griser de couleur locale.

Nous sommes devant MM. Champagne et Rougier. Si MM. Schulz et Beraud habillent les princesses, la maison que nous avons sous les yeux trouve ses acheteurs dans un rang moins élevé. Ceci n'est pas une déchéance, hâtons-nous de le dire ; c'est, au contraire, une sorte d'entrée dans la grande industrie, et nous en trouverons bien d'autres qui, d'échelon en échelon, sauront descendre encore, pour vendre leurs produits, jusques au rez-de-chaussée de la société. Ceux-là ne sont pas à dédaigner, croyez-le ; ils sont les grands vulgarisateurs de l'étoffe de soie, et, à ce titre-là, tout le monde leur doit des actions de grâce.

MM. Champagne et Rougier se rapprochent cependant de MM. Schulz à plus d'un titre ; ils ont, comme eux, des articles d'une grande richesse, aussi osés évidemment que les leurs ; mais c'est là l'exception.

Le fonds de l'exposition, et par conséquent de la fabrication normale de MM. Champagne et Rougier, c'est la robe *comme il faut;* ce qui ne veut pas dire que les Phrynés modernes s'en privent : nous savons le contraire de *visu.*

La maison Champagne et Rougier est pleine de science au point de vue industriel ; elle aussi rend des services éminents au commerce lyonnais. C'est elle qui a popularisé la robe à volants ; c'est peut-être elle qui l'a inventée. Une fois dans cette voie de nouveautés, elle est allée de merveille en merveille. Son exposition a un caractère singulièrement éclectique. C'est un arsenal d'idées pour les fabricants étrangers et de convoitise pour les femmes. Tous les tissus s'y trouvent : la moire antique rayée avec des veines de feu qui viennent l'illuminer, les étoffes damas en relief, à effet d'ombre par la mise en carte, les volants broderie d'une couleur opposée au fond. Elle dédaigne le large broché couleur ; son tact naturel lui a fait comprendre que la mode n'y était plus ; quand elle l'emploie, c'est à l'état de fleurs modestes et si délicates, que c'est à croire qu'une fée les a semées. Une robe que cette maison a tirée d'un vieil échantillon de chapeau de femme, a fait le tour du monde. Ce tissu, qu'elle a exposé dans différentes combinaisons, et qui est connu sous le nom de piqué ou de matelassé, en raison de son origine, se trouve, à l'heure qu'il est, dans le domaine public. Le domaine public lui fera refaire le tour du monde.

Cette maison n'a pas de rivale dans le sentiment de la forme et dans la connaissance variée de tous les styles originaux de dessins. S'il s'agit d'approprier le cachemire à l'étoffe de soie, elle créera le genre qui fut tant admiré il y a trois ans ; s'il faut faire revivre les formes fantastiques du crêpe de Chine, elle vous mêlera dans le bas d'un volant la chaîne et la trame de l'étoffe, et par l'opposition de leur brillant et la nature du liage, elle arrivera aux découpures concentriques de la broderie chinoise.

Le rôle que cette maison joue dans les hautes sphères de la nouveauté bourgeoise ne peut pas être rempli aussi grandement par d'autres que par elle, non pas parce que les moyens manquent à ses concurrents, mais bien parce qu'il y a absence d'aliment. Tout ceci prouverait que nous n'avons pas encore complétement mis pied dans les régions de la grande fabrication.

Nous venons de prononcer le mot de crêpe de Chine ; c'est à souhait, car nous rencontrons sur notre chemin la vitrine de MM. Michard et Girel, les fabricants les plus importants peut-être de cet article. Après tout, cette importance comme fabrication n'a rien d'inouï, il s'en faut. La consommation en a diminué dans des proportions très grandes ; elle est aujourd'hui limitée à l'Italie, un peu à l'Espagne, un peu à l'Allemagne et à la France. La femme qui porte les robes de M. Champagne et autres, préfère le vrai crêpe de Chine brodé à celui de Lyon ; de même que le cachemire de l'Inde a pour elle un attrait que n'a pas celui de France.

Quant au crêpe de Chine, cette préférence, il y a une dizaine d'années, pouvait être justifiée ; mais aujourd'hui la qualité de ce tissu est arrivée à un degré de perfection qui n'est pas surpassé par celle de son rival du Céleste-Empire. La broderie seule et les franges sont supérieures chez ce dernier. Le crêpe uni de France vaut celui de Chine.

MM. Michard et Girel ont eu, en ce qui concerne cet article, une grande velléité de nouveauté, qui n'a pas été malheureusement poussée à fond : c'est un châle blanc, brodé or et soie. Le dessin n'a pas été, il nous semble, assez bien compris pour cet effet ; l'or y est en petite quantité et en lignes trop ténues. La rigidité métallique de ce genre de broderie ôte au tissu sa précieuse qualité d'élasticité, et fait froncer les contours.

Il y a à l'Exposition des échantillons de soie en flottes, dorée par des procédés chimiques, ceux de la pile, sans doute. Cette matière, sous cette écorce métallique, conserve toute sa flexibilité première. Il y a évidemment dans son emploi raisonné, en crêpe de Chine blanc ou noir, des effets merveilleux à attendre, en la combinant avec des broderies chinoises en soie, de la couleur du fond. Ce serait un ravissant châle à porter en loge ou en équipage.

Le crêpe chinois était connu en Orient dès le VIIIe siècle. En Chine, l'origine de cette fabrication remonte aux temps les plus reculés ; c'était dans l'antiquité chinoise, comme du reste encore aujourd'hui, un tissu tout national.

M. Beauvais, en 1820, prit un brevet pour ce tissu. Or, ce même tissu existait, dit M. Hedde, dans les feuillets d'un très vieux manuscrit (celui de Theodulf). Superposé sur les vignettes peintes de ce manuscrit, il avait pour but de les préserver de tout frottement.

Cette découverte a été, en fait de nouveauté, l'événement le plus considérable de notre temps. Les fortunes faites dans cet article sont innombrables, et le mouvement d'affaires provoqué par cette fabrication, de 1820 à 1840, est quelque chose de très important.

Pour un bienfait pareil, la postérité a une place dans sa reconnaissance, c'est dire que le nom de M. Beauvais, mort il y a quelques années, ne périra pas.

MM. Michard et Girel ont encore dans leur exposition un autre genre de châle ; c'est le châle soie façonné en grand dessin, destiné spécialement à l'Amérique du Sud. Cet article est représenté encore par d'autres fabricants : MM. Roche et Dime, Troccon, Thevenet, Raffin et Roux. Tous ces produits se ressemblent à peu près ; très mal étalés, il est difficile de pouvoir apprécier, comme dessin, leur style particulier.

Le fond de leur fabrication repose en général sur le tissu brocatelle, dont nous avons parlé plus haut. Les châles soie forment une branche importante de l'exportation ; mais étrangers à nos mœurs et à notre goût européen, ils n'ont pas le privilége de séduire la foule. Les sémillantes Parisiennes et les Anglaises sveltes et blondes qui s'égarent dans les méandres de l'exposition lyonnaise, ne se doutent pas, en les voyant si tristement pendus, qu'entre l'Atlantique et l'Océan pacifique, de ravissantes créoles, aux yeux noirs et aux cheveux d'ébène, savent, en les portant, donner une grâce de plus à leur coquetterie.

La maison Molière a étalé des robes adorables de simplicité. C'est de la toile de soie, faite évidemment avec des soies de Chine. L'aspect en est mat, le grain légèrement rugueux, comme celui d'une écorce ; les couleurs tendres, fugitives, cha-grinées de noir et de blanc ; puis, tout d'un coup, au milieu de ces nuances négatives, apparaît un filet de soie satiné, d'une teinte accusée, étincelant comme une lame de métal.

D'autres robes sont purement quadrillées, mais dans le type bicolore, tricolore au plus, des pope-lines d'Irlande. J'ignore si les nuances peuvent résister au lavage. Dans cette condition-là, ce se-rait de l'indienne de soie bien préférable au fou'ard à carreaux, dont le grain est si plat et si lâche. En résumé, c'est de l'étoffe anglaise, voire chinoise, illustrée de teintes et de dispositions françaises ; c'est du goût, c'est du succès.

Nous allions quitter cette fraîche oasis ; mais un scintillement d'or et de pierreries nous fait re-venir sur nos pas : nous avons devant nous la vi-trine de MM. Verzier et Cie.

Nos regards ne peuvent pas quitter ce fulgurant brocard byzantin, copié, dit-on, littéralement sur les échantillons rapportés de la terre-sainte par saint Louis, et faisant partie aujourd'hui du trésor de Notre-Dame. Le médaillon, enluminé à l'instar des images gothiques, est brodé dans l'original ; tandis que sur la copie il est broché. C'est une robe impériale du Bas-Empire. C'est peut-être un style destiné à revivre, surtout en étoffes pour meubles.

Cette robe et la dalmatique de MM. Bouvard et

Lançon sont comme une révélation de l'antique Orient.

Un tableau tissé, dédié à la Civilisation, et dont nous ne pouvons pas faire ici la description, n'a pas, au point de vue de la fabrication, plus de mérite que le portrait de MM. Mathevon et Bouvard, quoique cependant le tissu et le modèle paraissent plus finis. Mais la composition en est si pittoresque, l'inspiration si heureuse, que nous n'avons pas vu un seul visiteur ne point s'arrêter devant ce tableau.

Il appartenait à la fabrique de Lyon, cette industrie si noble et si grande, de jeter dans le monde cette page brillante, où la navette a écrit le code de la civilisation moderne.

Voilà pour l'art ; mais on rencontre aussi, dans l'ordre utile et pratique, sur le devant de cette vitrine, des échantillons de tissus d'un merveilleux effet : ce sont des flots de neige rose et bleue, obtenus par des moyens de fabrication nouveaux, et qui attirent moins les regards des curieux que des gens du métier. Des robes à volants velours sont aussi très remarquables. C'est un article original, même au milieu de la variété de tous les tissus de soie exposés.

L'exposition de cette maison est des plus attachantes et des plus pittoresques, quoique cependant, il faut le dire, elle soit moins importante que beaucoup d'autres.

Nous ferons un reproche grave à cette maison,

et ce même reproche, nous l'adresserons à toutes les autres du même genre. Pourquoi les fabricants qui ont une réputation dans les grands articles de consommation, se sont-ils crus obligés de ne pas exposer ces mêmes articles? Y a-t-il une déchéance ou un déshonneur quelconque à se montrer ce que l'on est? La plus belle robe de MM. Schulz et Beraud vaut-elle mieux que le plus mince tissu, si ce plus mince tissu est entendu dans des conditions d'économie et d'habileté qui en fassent une chose de grande fabrication?

Nous sommes heureux d'annoncer cependant que ce blâme n'est pas tout à fait général; nous rencontrons des exceptions, de rares exceptions, *rari nantes in gurgite vasto.* Nous témoignons à ces maisons courageuses, non pas des marques d'encouragement, elles n'en ont pas besoin, mais bien des remercîments non équivoques, car c'est elles qui auront, après tout, compris le mieux le but de l'Exposition.

M. Ponson a le tort involontaire de ceux qu'on cherche et qu'on ne trouve pas. Ainsi, me voilà devant ses produits sans l'avoir voulu, car j'allais vers la dalmatique de MM. Bouvard et Lançon, pour achever de m'enivrer de la couleur orientale. Mais laissons l'Orient, la vitrine de M. Ponson vaut la peine qu'on l'étudie.

M. Ponson n'est pas l'inventeur du taffetas glacé, mais il est, avec M. Teillard, que nous verrons plus loin, le civilisateur, pour ainsi dire, de cette ravissante étoffe, comme tissu et comme nuance.

Dans le siècle passé, et même jusqu'en 1835, le taffetas était quelque chose de grossier, de rayé, de dur, de mauvais comme nuance unie, de fade comme disposition. Il était acceptable seulement sur fond blanc avec des rayures et des fleurs chinées en carmin et en vert camaïeu. Tout le monde connaît ces bergeries royales de Watteau et de Boucher, dans lesquelles les mouches, le fard, les paniers et le taffetas chiné jouent un grand rôle, sans compter les horizons irisés de vert et de bleu, les têtes blondes, roses et mutines, et les jarretières traîtreusement dénouées.

Les nuances dominantes après le blanc étaient le vert et le bleu, *col de canard*, le rouge et le bleu, *gorge de pigeon*, le bois et le rouge, *poil de vigogne*. C'était à peu près tout. On voit que le répertoire n'était pas très étendu.

Le taffetas est le tissu de la femme jeune, nerveuse et coquette ; par le bruit d'un certain froissement, que connaissent bien les amoureux, dit Mme de Genlis, il annonce de loin la venue de la femme aimée. C'est par là qu'il plaît à celles qui sont jolies, mais c'est aussi par là qu'il n'est pas en faveur auprès de celles qui ne le sont pas ou qui sont vieilles, car elles ne gagnent rien à être ainsi bruyamment annoncées. — « Quand ces folles de la cour, dit Saint-Simon, descendent le grand escalier, avec le fracas de leurs robes, c'est un escadron de tonnerre ; nous rentrons pour les voir. »

M. Ponson a amené ce tissu à une régularité

tellement grande, qu'il est devenu, en même temps qu'inimitable chez les fabricants étrangers, une des branches les plus importantes de la fabrique lyonnaise.

C'est le genre de fabrication qui a le plus contribué aux progrès de l'ouvraison et de la filature en France. Une pièce de M. Ponson en noir et blanc est une plaque d'acier bruni. Quand ce tissu était demandé en glacé, cette maison avait dans son escarcelle des milliers de mélanges d'un goût adorable. Les nuances claires pour bal ont survécu à cette évolution de la mode. Aujourd'hui la grande consommation veut des taffetas noirs, et dans ce genre, M. Ponson, avec d'autres que nous verrons plus loin, tient sa place au premier rang.

Cette perfection a amené naturellement M. Ponson sur la voie de la robe à volants, qui n'est possible qu'en taffetas. Les robes qu'il a exposées sont d'un prix élevé, car la qualité en est magnifique; elles reposent en général sur le système de la double chaîne, le fond uni et le volant quadrillé; c'est simple, mais d'une grande distinction. Une seule chose, à notre avis, fait tache dans cette magnifique exposition; heureusement qu'elle est peu vue, car elle tapisse le fond de la vitrine, qui est dans l'ombre: c'est un malencontreux gros de Naples à carreaux, vert et blanc, produit par une double chaîne et une double trame. C'est lourd et dur et quelque peu carreau de vitre.

Sur la ligne de M. Ponson, se trouve la maison

Brunet-Lecomte et Guichard , maison pleine de sève et de goût , et qui a une importance très grande. Là encore, la robe à volants domine ; on la voit dans toutes les dispositions que la fantaisie peut inventer. Une robe de bal fond blanc a le privilége surtout d'arrêter la foule. Je crois que plus d'une jeune fille, en la regardant, soupire, car c'est une robe de fiancée ; et cependant ce n'est rien, c'est fait à peu de frais, tant il est vrai que l'inspiration spontanée est la meilleure. Cette robe a dû venir d'un seul jet : un volant blanc comme le fond, et, sur ce volant, de simples fleurs des prés ; c'est tout. Des moires antiques satinées sont aussi très belles ; le dessin s'enlève en blanc sur un fond gris ; ce fond est sillonné d'éclairs de moire, sans que les formes soient attaquées. De tous les dessins exposés par cette maison, le moins heureux est celui de plumes de marabout ; il est, après tout, parfaitement exécuté. Mais je ne crois pas qu'il y ait beaucoup de femmes disposées à s'emplumer de la sorte, quand bien même ces plumes d'autruche en feraient des oiseaux du paradis.

Certaines robes de rue, fond bleu et noir, rentrant dans la famille des brocatelles, sont d'un goût solide et consciencieux ; c'est du style grand'mère. Toutes ces étoffes à grands effets et sans volants ont moins de nouveauté que le reste ; elles tiennent au passé, et par cela même, elles sont les robes de deuil de la jeunesse : la jeune femme les dédaigne, et la mère qui a des filles à marier les subit avec peine. Dans la vitrine de cette maison, elles produisent un contraste frappant, car tout à côté sont étalés des tissus de gaze, des mouchoirs de femme, véritable toile d'Arachné, sur laquelle l'imprimeur peut encore faire ressortir l'or et les mille couleurs de sa palette.

Les connaissances de cette maison en impression, lui permettent de traiter avec succès et avec un goût sûr la robe en taffetas. Elle a, dans ce genre, des produits au dessus de tout éloge, comme dessin et comme coloris. Mais ce système d'impression est froid en général ; il a besoin d'être relevé par des accessoires de satin ou de serge à l'état de filets. Voilà deux saisons qu'on essaie de le faire rentrer dans la mode, qui l'avait abandonné ; on aura de la peine. Les femmes aiment peu les taffetas imprimés, car ils ont le malheur de porter avec eux la date de leur naissance.

Il y a encore dans la vitrine de MM. Brunet-Lecomte et Guichard des foulards en pièce. C'est un article d'une immense fabrication et d'une consommation encore plus grande, car la production de toute la fabrique de Lyon ne suffit pas, bien souvent, à la demande. Et cependant Rouen et l'Alsace ont essayé d'entrer en lutte ; Lyon a triomphé, témoignage puissant de sa force et de ses ressources.

Cet article échappe à l'analyse, en raison de la diversité de ses dispositions ; et, du reste, plié en pièce, il est assez difficilement appréciable. Le jury de l'Exposition a dû, dans l'accomplissement de sa besogne d'examen, maudire plus d'une fois le goût des femmes du peuple, qui motivait une telle production.

Le mieux est donc de citer tous les fabricants qui exposent cet article. Il n'y a de différence à établir entre eux qu'au point de vue du chiffre des affaires. A l'endroit de tout le reste, dessin, tissu et coloris, ils sont tous sur le même pied, à peu près.

MM. Durand frères, Jandin et Duval, Ch. Meurer, Perrot et Bigot, Verset et Foret exposent des foulards. La maison Corrompt s'est abstenue à tort. Il est juste de dire, en passant, que c'est à elle que l'on doit à peu près le tissu fantaisie, qui est le plus répandu aujourd'hui.

Le foulard imprimé est une preuve frappante de l'importance de la consommation populaire. Tirons de là cet enseignement, que nous rappellerons plus d'une fois : L'industrie est grande par le peuple, et c'est aux produits à bon marché qu'il faut tendre avant tout.

La maison Durand frères est une de celles qui ont le plus poussé à l'entente économique de cet article. Ses ateliers de tissage et d'impression, ses connaissances en matières tinctoriales, ses recherches constantes de nouveaux procédés, sa manière d'acheter et de vendre, espèce d'émancipation qui sait secouer les intermédiaires ; toutes ces conditions, en un mot, ont placé cette maison de plein pied dans la voie de la grande manufacture.

MM. Durand frères joignent encore à la fabrication des foulards celle du crêpe ordinaire. Ce tissu, qui figure dans le chiffre colossal de l'industrie lyonnaise pour une somme approchant dix millions, est à peu près le partage exclusif de MM. Durand et de MM. Montessuy et Chomer. Cette dernière maison le traite même plus grandement que la première, car il est sa seule spécialité.

Egalement propriétaires de vastes ateliers de tissage et de filature, MM. Montessuy et Chomer ne le cèdent en rien à MM. Durand, au point de vue de l'importance industrielle. Ils viennent, m'a-t-on dit, de monter le crêpe anglais, remarquable par un grain plus allongé et plus senti que celui du crêpe lyonnais.

La consommation du crêpe est universelle. Ce tissu diaphane et vaporeux, qui est le symbole de la joie comme celui de la douleur, a une place marquée dans toutes les fêtes et dans tous les deuils de ce monde.

Puisque nous sommes sur le terrain de la grande industrie, restons-y encore. Cinq maisons sont sous nos yeux, et le chiffre énorme de trente-deux millions d'affaires qu'elles font entre elles toutes, vaut bien la peine que nous nous en occupions sans plus tarder : ce sont les maisons Martin et Casimir, Teillard, Bellon, C.-J. Bonnet et Heckel. Profitons de ce que leurs noms sont réunis, pour dire à ceux qui nous liront que les chefs de ces cinq maisons ne doivent leur position qu'à leur intelligence, et que, partis de rien, ils ne sont arrivés au but que par l'énergie de leur volonté. C'est un premier éloge que nous leur donnons, et, en le faisant public, c'est encore un enseignement à l'endroit de ceux qui doutent et qui envient.

MM. Martin et Casimir sont fabricants de peluche de soie, de cette peluche qui a détrôné le chapeau de feutre, spécialité pour laquelle Lyon avait autrefois une grande réputation. Le chapeau d'homme, devenu par ce fait d'un prix abordable pour tous, nous a sauvés, en 1825, de l'invasion de la casquette. Au point de vue de l'élégance, est-ce un bien ? est-ce un mal ? C'est une question que nous ne saurions résoudre. Nous ne sommes pas, cependant, sans connaître les malédictions dont on a affublé ce couvre chef moderne, qui, après tout, a fini par passer dans nos mœurs en restant sur notre tête.

Le siége de la manufacture de MM. Martin et Casimir est à Tarare. Cette maison occupe 1,500 ouvriers qui teignent, tissent ou apprêtent. Avant elle, le département de la Moselle marchait à grands pas vers le monopole de cet article. MM. Martin et Casimir l'ont maintenu à Lyon par la supériorité de leur noir, par la régularité de la coupe et par l'économie dans les frais de production. Leur fabrique est admirablement tenue ; nous la citons comme un modèle d'organisation. Si Massing frères, de Puttelange, et Renard frères, de Sarreguemines, ne sont pas surpassés, ils sont bien près de l'être. Il est facile de comparer, à l'Exposition, les produits de ces trois maisons. MM. J. Donat et Cie et Gaillard et Cie ont également exposé des peluches qui peuvent parfaitement lutter contre celles du département de la Moselle.

La peluche est, ainsi que le foulard, un exemple des ressources que peuvent présenter les articles de grande consommation. Il ne sera jamais donné à MM. Schulz frères et Beraud, Champagne et Rougier d'arriver à la hauteur industrielle de MM. Martin et Casimir, non pas parce que le système de leur fabrication s'oppose à une telle organisation, mais bien parce que leurs articles sont d'un prix trop élevé et d'une vente trop restreinte.

La maison Teillard a partagé avec M. Ponson, nous l'avons dit, l'honneur d'avoir, pour ainsi dire, créé le taffetas glacé tel que nous l'avons aujourd'hui. Cette maison a un autre titre encore à revendiquer; elle a lancé la moire antique, et des hauteurs où cet article était tenu, elle l'a fait descendre dans le domaine de la grande consommation.

MM. Teillard et Cie ont ouvert, par leur initiative, à plusieurs fabricants de Lyon une voie nouvelle d'émancipation et d'indépendance, celle d'amener les acheteurs pour leur vendre de l'étoffe faite, au lieu de les aller chercher pour de l'étoffe à faire. Leurs relations et peut-être leur audace ont popularisé l'étoffe unie en Angleterre, et, quelle que soit la force de production de ce pays en fait de soieries, MM. Teillard et Cⁱᵉ n'ont rien à redouter de ce côté.

MM. Bellon et Cⁱᵉ sont à l'Amérique ce que MM. Teillard sont à l'Angleterre. Cette maison pèse sur ce marché avec une puissance formidable, et cependant M. Bellon ne fait à peu près que du noir. Le monde s'est-il donc condamné à un deuil éternel, pour en faire une telle consommation? car New-York n'est pas seulement le théâtre où se déverse toute cette production; Paris et Londres sont également tributaires de MM. Bellon et Cⁱᵉ.

Les gros de Tours cannelés que l'on voit dans sa vitrine, sont d'une exécution parfaite. Ses satins cuir-de-soie sont d'une richesse très grande. Ses lustrines, qu'elle a dédaigné d'exposer, sont renommées pour leur régularité, chose d'autant plus incompréhensible qu'il s'agit, dans cet article, d'un tissu d'une extrême légèreté.

On se rend compte, après tout, en étudiant l'exposition de cette maison, que sa fabrication repose sur des articles d'une grande consommation et en dehors des fluctuations de la mode. Dans de telles conditions, et avec la supériorité qui lui est acquise, le chiffre d'affaires n'a pas de limite.

M. C.-J. Bonnet poursuit depuis quarante ans un rêve qu'il a su réaliser: la transformation du taffetas noir. Ouvraison des soies, procédés de teinture et de fabrication, étude approfondie des plus petits détails en apparence, recherche cons·

tante de la perfection , il a mis tout en œuvre pour arriver au but, et il est arrivé : son nom aujourd'hui est européen ; en Amérique, il est inséparable de ses produits. Quand on pense à ce qu'était, en 1815, le taffetas noir : une toile pure et simple, dont la principale consommation était en Espagne ; toile sans brillant, noire-rouge ou noire-bleue, sans qu'on sût pourquoi ; revêche aujourd'hui comme un tissu de crin, molle une autre fois comme du florence. Quand on pense à tout cela, et qu'on voit aujourd'hui ce qu'est devenu ce même taffetas, dans les mains de M. Bonnet et des autres fabricants de Lyon, on n'est plus étonné qu'il ait fallu de longues années et de constants efforts pour arriver à une telle transformation.

Le taffetas noir de M. Bonnet a un grain qui échappe au toucher, mais que l'œil peut cependant distinguer. D'un cordon à l'autre, l'uniformité de la surface d'ébène de ce tissu est absolue, dans toute l'expression du mot. Aucune rayure, aucune scorie de la soie ne viennent la rompre : le noir est brillant, sans aucune teinte compromettante de rouge ou de bleu ; le toucher est souple, nerveux, inchiffonnable. Aussi cette délicieuse étoffe est-elle devenue l'article le plus important de l'industrie lyonnaise. L'étranger a échoué dans toutes les tentatives qu'il a faites pour l'imiter, et je crois qu'il en sera longtemps ainsi.

C'est que cette fabrication, si simple en apparence, est peut être la plus difficile qui existe dans la soierie. Au point de vue simplement du travail de l'ouvrier, il y a *un faire* singulier de sa part pour arriver à cette régularité, à cette tension et à ce brillant qui sont les qualités dominantes du taffetas moderne. En dehors de tout ceci, il y a la qualité des soies, et ces soies ne se trouvent qu'en France; il y a la teinture, et l'on ne teint de la sorte qu'à Lyon; il y a enfin des détails sans nombre, que l'expérience seule a démontrés, dont quelques-uns même sont des secrets, et qui, par leur ensemble, mènent à cette perfection qui existe aujourd'hui.

Il n'y a pas de jeune femme au monde qui n'ait une robe de taffetas noir, d'un porter charmant, en ce sens que la couleur s'harmonise avec toutes les fantaisies possibles de chapeaux, de rubans et de châles, d'une durée presque éternelle et d'une distinction surtout parfaite; il n'est plus étonnant que ce tissu soit devenu d'une consommation aussi générale. La confection comme mantelet et l'usage des volants ont, depuis une dizaine d'années, doublé l'importance de cette fabrication, et les procédés mis en œuvre, pour la perfection de cette fabrication, ont réagi sur presque tous les articles de l'industrie lyonnaise.

M. Bonnet, l'auteur, en partie, de ces merveilles-là, n'en a jamais tiré vanité; car sa modestie est à la hauteur de son talent et de sa persévérance. Quand le succès est venu couronner ses efforts de quarante ans par la fortune et la réputation, il est resté le même qu'au premier jour, toujours aussi simple, toujours aussi bienveillant. C'est une grande et noble nature, qui a plus d'un point de ressemblance avec le bon Jacquard.

M. Bonnet a une manufacture très importante à Jujurieux, dans le département de l'Ain. Ses ateliers de filature sont contigus à ceux du tissage. Toutes les opérations préliminaires qui précèdent le tissage s'accomplissent sous ses yeux. L'ordre le plus absolu, la propreté la plus minutieuse, la régularité la plus constante dans le travail comme dans le repos, règnent en tout point dans cette vaste manufacture, où presque toutes les jeunes filles des environs viennent trouver un asile toujours sûr, et puiser des habitudes de travail et de conduite qu'elles n'oublient jamais.

M. Bonnet est devenu, de la sorte, la Providence de son pays, et sa naïve modestie ne s'est jamais doutée qu'un jour, à Jujurieux, devant l'église qu'il a fait élever à ses frais, la reconnaissance publique pourrait bien lui élever une statue.

M. Heckel est un fabricant de satin uni, en noir et en couleur. Les nuances de son exposition ont quelque peu passé par l'effet du soleil; mais les différentes qualités que l'on voit dans sa vitrine, n'en ont pas moins un mérite très grand comme fabrication et comme prix.

Cet article, qui était, il y a quelques années, d'une vaste consommation pour robes, pour modes et pour confection, a, aujourd'hui, considérablement perdu de son importance : l'Inde et l'Amérique du Sud pour les qualités légères ; l'Europe et les États-Unis pour les noirs, sont actuellement ses débouchés.

Le velours, le taffetas, la robe à volants, la moire antique l'ont en partie remplacé dans la grande consommation. Mais cet amoindrissement temporaire dans la demande de cet article n'ôte rien à la maison Heckel qui, par sa grande organisation, peut tout oser, tout entreprendre, et reste sans rivale pour la production du satin. M. Heckel est dans cet ordre-là le grand fournisseur de tous les marchés du monde. Après tout le satin a deux défauts bien grands pour les femmes de goût : le brillant métallique et l'absence de consistance ; il manque de nerf. Il jouera cependant toujours un certain rôle dans les bals, comme robe de lumière ; les dentelles et les fleurs le font ressortir d'une manière délicieuse.

Dans les bals même, cette splendide étoffe est en partie aujourd'hui détrônée, et cependant une robe de satin blanc couverte de fleurs et de dentelles était presque une parure royale. Ceux qui ne sont pas initiés aux secrètes délicatesses du goût des femmes, ont de la peine à se rendre compte de cette défaveur générale. On s'imagine sans doute qu'elle est l'effet naturel d'un tour de roue de la mode ; c'est une erreur, la mode n'y est pour rien. Le goût seul, qui s'est quintessencié, a fait un reproche au satin de tout son clinquant et de tout

son vernis. On lui a fait payer cher, en l'abandon -
nant, et pour longtemps, je crois, cette ambitieuse
audace qui attaquait tous les détails de la toilette
d'une femme, et quelquefois même sa beauté.

Le nom de la maison Million est, à Lyon et à
Paris, le symbole de la perfection absolue en ma -
tière de fabrication ; cette grande maison règne
par les moires, les velours, les pous-de-soie, les
quadrillés peau de chagrin. Son mobile n'a jamais
été la quantité, mais bien la qualité. Son exemple
a entraîné dans la même voie beaucoup de fabricants qui, sans la parcourir aussi heureusement
que M. Million, ont su s'y maintenir.

Une magnifique moire antique rose, qui n'a rien
perdu de sa fraîcheur, est le spécimen le plus complet et le plus parfait qu'il y ait de cet article à
l'Exposition. Les moires anglaises, qui ont une
certaine réputation par la profondeur de l'incrus-
tation de leurs effets, sont à cent lieues de ce
modèle.

Les velours de cette maison sont aussi très remarquables. Ils ne sont pas, par leur richesse de
ton, sans rappeler quelque peu les anciens velours
de Gênes.

MM. Caquet-Vauzelle, Naime [et Côte appartiennent à l'école de MM. Schulz frères et Beraud,
et pas le moins du monde à celle de MM. Champagne et Rougier.

C'est toujours la robe à volants, variée à l'infini
comme genre et comme disposition ; c'est toujours

M. Balmont a l'honneur d'avoir un des premiers créé cette industrie à Lyon; c'est un titre qu'il est juste de rappeler. Il a de plus une étoffe en velours moutonné pour voitures, qui est la chose la plus saillante de l'Exposition dans cette spécialité, que l'étranger, du reste, paraît ne pas aborder largement.

L'exposition de M. Girodon est une protestation contre la moire antique. La moire qu'il expose est une miniature, et cependant elle est parfaitement dessinée: l'œil ne perd aucune de ses sinuosités capricieuses; les arêtes sont vives sans être dures, car elles sont très estampées. Il y a, dans l'application de cette moire aux costumes d'enfants, un succès certain et de longue durée.

Cette maison avait autrefois une très grande réputation dans un genre aujourd'hui bien délaissé, les fichus de femme.

La mode, en supprimant ce voile importun, a fait preuve de discernement: les femmes étaient perdues pour nous avec ces habitudes de préservatif contre le rhume. Ces tristes fichus qui dérobent leurs cous de neige, comme disent les poètes, à nos regards trop empressés, ces tristes fichus sont tombés; l'avenir ne les ramassera pas. Ce qui reste de cette fabrication, à Lyon, est aujourd'hui trop insuffisant pour en parler.

Dans les étoffes noires de grande consommation, telles que les moires et les armures, MM. Girodon et Cie sont arrivés à une grande économie de fabrication. Leur manufacture, située dans le département de l'Isère, est appelée à prendre un développement marqué, précisément en raison de la sécurité que présentent tous ces tissus, que les variations de la mode atteignent rarement. Heureuse condition, nous l'avouons, car elle place le fabricant dans un état d'indépendance et de progrès sans limite !

Quand nous aurons parcouru le cercle étendu de cette immense production d'étoffes unies, que nous aurons cité les noms de ceux qui n'ont pas exposé, on ne sera étonné que d'une chose, c'est qu'il ne se soit pas formé à Lyon un plus grand nombre de maisons à la hauteur, comme organisation, des ressources d'affaires que présente cette catégorie.

M. Chavent expose des robes façonnées en belle qualité : dans sa vitrine, les robes à volants sont rares, peut-être même qu'on aurait de la peine à en trouver une seule. En général, les étoffes de cette maison se font remarquer plutôt par des effets de mise en carte que par la nouveauté du dessin ; plutôt encore par la perfection du tissu que par une entente originale. C'est une exposition, en un mot, un peu en dehors du mouvement universel qui a jeté la fabrique de Lyon dans le volant et dans la moire antique. Reconnaissons néanmoins qu'il y a là une certaine science, et que trouver des effets nouveaux dans la combinaison des fils, sans appeler à son secours des moyens étrangers, comme la moire ou l'impression, accuse toujours une véritable puissance. C'est sur ce terrain-là que les étrangers sont le plus faibles : l'exposition anglaise, celle de Vienne, celle de Barcelone, en sont la preuve irrécusable.

En exposant des moires antiques, M. Tholozan a sacrifié aux dieux du jour, car il est le représentant le plus fidèle des plus pures traditions du façonné.

Une mise en carte, ce travail de mosaïste, sortie de ses mains, atteint jusqu'aux plus extrêmes limites de la perfection ; les étoffes que l'on voit de cette maison à l'Exposition en sont la preuve évidente ; et celles que l'on connaît de lui et qui remontent à une époque où la fleur naturelle s'épanouissait sur toutes les robes, sont de véritables chefs-d'œuvre. Mais aussi ne demandez à cette maison aucune de ces vives aspirations vers les sphères de la nouveauté : la plus merveilleuse idée aurait tout le loisir de s'envoler pour ne plus revenir, durant le temps qu'elle passerait à chercher le fini qui la distingue. Si tout ceci n'est pas du goût le plus difficile et de l'imagination la plus rare, c'est au moins la méticuleuse patience de l'imaigier du XVe siècle, et ces recherches constantes d'armures, d'effets, de modelés dans la mise en carte, n'ont pas peu contribué à former cette nouvelle génération de dessinateurs qui se jouent aujourd'hui de toutes les difficultés.

La vitrine de MM. Savoye Ravier et Chanu, présente la collection la plus variée de toutes les petites étoffes, belles de qualité cependant, mais faites avec des riens : genre distingué par excellence, qui a remplacé chez les femmes de goût ces robes ambitieuses, qui attaquaient avec leurs dessins et leurs nuances tous les détails de leur toilette.

Quelques vo'ants en taffetas quadrillés sont d'un porté simple et sans prétention aucune. D'autres, fond noir, laissent ressortir dans leur bordure des mouches de trame qui étincellent comme des saphirs ou des émeraudes. Plusieurs droguets au mètre, fond noir ou couleur pure, émaillés de petites fleurs en nuances vives ou tranchantes, sont d'un effet délicieux.

Ce dernier genre d'étoffes en robe de rue a tué le damas, dont la consommation, du reste, avait été saturée. En robes de ville, il a remplacé tous les articles à effets, et n'a laissé debout que la brocatelle, dont cette maison expose quelques échantillons heureusement rajeunis.

La toilette, cette édition si souvent *expurgata*, semble être arrivée aujourd'hui, pour quelque temps du moins, à un état de *statu quo* complet. La mode, dans son vol inégal et capricieux, parfait symbole, j'en demande pardon, de l'adorable fantaisie des femmes, s'est arrêtée dans un milieu de choses simples, modestes et reposées. La robe à volants, dont les fonds sont unis, et qui n'admet une certaine richesse que dans les bordures, a contribué à cette espèce de révolution ; mais ce

qui y a poussé le plus, ce sont tous les détails in-
finis qui font partie intégrante de cette même toilette des femmes, et qui composent par leur réu-
nion, un papillotage ravissant. Le chapeau, qui
est devenu, pour ainsi dire, un nid de rubans et
de fleurs, les dentelles et la lingerie ouvragée
comme une guipure, les bijoux émaillés, les man-
telets de velours ou de taffetas couverts de broderies pleines d'art et de goût, toutes ces choses,
on le comprend, feraient d'une femme une pagode
ambulante ou une madone d'Italie, descendue de
sa niche, si le style des robes n'avait pas subi la
modification dont nous venons de parler.

MM. Savoye Ravier et Chanu ouvrent la marche de cette pléiade intelligente de fabricants qui
comptent avec la soie, n'en déplaise à ceux qui la
traitent comme si elle ne coûtait pas plus que le
coton. C'est là, sans aucun doute, la science la
plus profonde de l'industrie lyonnaise, et la seule
qui assure sa suprématie comme importance. Ses
beaux dessins, ses riches étoffes, sont certainement chose louable, car ils portent haut le goût
et l'imagination de toutes ces maisons qui ont
défilé devant nous, et, à cette hauteur, nous
sommes inimitables, il faut en convenir. Mais,
dans le concert général de toute cette immense
fabrication dont Lyon est le théâtre, le rôle de ces
maisons se réduit à peu de chose ; c'est l'économie
habilement entendue dans le tissu proprement
dit, et c'est, avec cela, la beauté de l'exécution,

qui ont répandu nos produits dans le monde entier, qui nous ont fait invincibles, et qui, à l'encontre d'un grand nombre d'industries françaises, ont fait désirer à celle de Lyon l'avénement de la liberté commerciale, témoignage irrécusable de force et de grandeur.

MM. Gondre et Cie exposent des étoffes unies. Dans des conditions modestes, cette maison est quelque peu satellite de MM. Million et Cie. C'est la même perfection, mais la variété des articles est moins grande. Des pékins moirés rayés de satin, des pous-de-soie, une robe à effet de velours, sont les choses les plus saillantes de cette exhibition. Peu complète quant aux tissus, elle devient, au contraire, quand il s'agit de la nuance, ce qu'il y a peut-être de mieux dans toute l'Exposition. Cette vitrine fait l'effet d'un arc en ciel, ou, si vous aimez mieux, d'un écrin de toutes les couleurs de la nature.

La spécialité de MM. Bertrand Gayet et Dumontat est le châle soie grenadine. C'est à peu près, avec le crêpe de Chine, le seul tissu qui soit resté dans la consommation française, et même, si l'on veut être dans le vrai, trouvera-t-on qu'il est plus répandu que ce dernier. Cette préférence, si elle était bien constatée, tiendrait principalement à la fermeté du tissu grenadine, à sa légèreté et à sa transparence. Le crêpe, par sa mollesse aura toujours le triste avantage de tomber en ligne droite des épaules ; sa couleur traditionnelle

est également gênante. C'est, en un mot, une parure de fantôme blanc.

Il n'en est pas ainsi des grenadines de MM. Bertrand Gayet et Dumontat. Rien n'est plus gracieux et distingué tout à la fois que les châles qu'ils
exposent. Les fonds sont variés à l'infini, ainsi que
les encadrements. Les bleus ou les noirs émaillés
d'effets cachemire en couleurs vives, sont le com-
plément obligé d'une toilette d'été. Ce sont là de
ces châles, fardeau de plume, pour ainsi dire, que
les femmes portent au bras, à l'instar des merveil-
leuses du consulat.

Ce délicieux tissu, appliqué par cette maison à
un genre de fichu et de châtelaine que l'on voit
dans sa vitrine, nous fait revenir un peu de notre
opinion première à l'égard de la mode surannée des
mouchoirs de femme ; mais nous reconnaissons
néanmoins que, même ainsi entendu, le fichu ou
la châtelaine ne peut être supportable, ni avec un
châle de barége ou de dentelle, ni avec une taille
blanche, mais bien seulement avec un mantelet
de taffetas noir. C'est, en fin de compte, l'appen-
dice d'une toilette de négligé ou d'intérieur.

Le tissu grenadine a été remis au jour, en 1820,
par M. Camille Beauvais. En 1780, on portait des
gilets rayés velours chiné sur un fond de cordon-
net blanc. Dans les premières années qui suivirent
1830, ce même tissu traversa une phase brillante
de succès. Traité en impression, en uni et en façonné, il devint le châle obligé de toutes les femmes
de goût.

MM. Regnier cousins et Drevet sont dans la
même voie que la maison Bertrand Gayet et Dumontat. Sauf de légères modifications, leurs châles
sont en dispositions plus simples, moins ouvragés,
et cependant tout aussi distingués. Cette maison
joint à cette spécialité celle du galon, traité par
elle d'une manière tout opposée à celle des autres
fabricants. C'est un peu le genre de MM. Grangier
frères, de Saint-Chamond, et ce n'est pas du tout
celui du velours gilet, caractère dominant des autres expositions.

MM. Badoil et Cie ont des châles grenadine et
des robes à volants unis, qui rentrent dans le courant général des qualités ordinaires, ainsi que plusieurs articles au mètre, entendus pour cette consommation modeste, qui aime à passer inaperçue.
Dans tous les cas, c'est du goût et du mérite, car
il est toujours difficile de séduire par la simplicité.

La maison Bocoup Villard et Saunier est, à plus
d'un titre, dans les eaux des fabricants de la haute
nouveauté. La robe à volants règne en souveraine
dans sa vitrine, et y présente peut être plus de
variété que partout ailleurs. Ce sont des effets de
frange, des impressions sur chaîne, des quadrillés
légèrement coupés par des filets de couleur ; du
façonné, mais rarement à l'état de dessin arrêté.

Il y a dans cette collection un souffle puissant
de nouveauté, mais qui, cependant, sait s'arrêter
aux limites du prix coûtant. Mérite rare, on en
conviendra, car il y a toujours du mal à couper les
ailes à l'imagination, cette folle du logis.

On comprend qu'il doit nous être difficile d'entrer désormais dans un compte rendu bien détaillé de tout ce qui nous reste à voir. A part quelques maisons qui ont un caractère original, et sur lesquelles nous devons nous étendre davantage, nous trouverons partout à peu près la même inspiration, quand il s'agira des robes.

La maison Brunet Cochaud et Cie a de grands liens de famille avec M. Savoye. Des droguets, des volants noirs à effets de cannelés mêlés de reps, infiniment remarquables par la qualité de l'uni ; des taffetas satinés d'une grande perfection, voilà à peu près son exposition. Mais tous ces tissus différents sont d'une grande consommation, et justement appréciés pour le fini de leur exécution. Il n'en faut pas davantage pour mettre cette maison au rang de celles qui ont le plus contribué à populariser la robe de soie.

La vitrine de MM. H. Croizat et Cie, qui se trouve sur la même ligne que celle de M. Mathevon, forme un contraste frappant avec celle de ce dernier.

Tous les produits de cette maison sont en façonnés ; mais autant le genre de l'un attire les regards, autant celui de l'autre est modeste. Il est évident que nous ne voulons pas établir de point de comparaison ; nous tenons seulement à faire remarquer la distance immense, au point de vue de la consommation, établie par le voisinage de ces deux exposants.

MM. Croizat et Cie ne cherchent pas des chefs-d'œuvre, et ils ont raison. De la nouveauté, ne leur en demandez point; ils ne connaissent, en fait de tissus, que ceux acceptés par la mode courante. Mais voyez quelle application intelligente ils leur donnent. Les taffetas façonnés, ils en font des volants; les damas, ils les rajeunissent par des dispositions; la brocatelle, ils la mélangent à la moire. Il est incontestable que dans l'immense exposition de cette maison, une femme de Paris aurait de la peine à se choisir une robe.

Mais, heureusement pour la fabrique de Lyon, Paris joue un rôle très secondaire dans la consommation de ses produits. Ce rôle, il est très facile de l'apprécier, en comparant l'importance des acheteurs exclusivement parisiens, à l'importance bien plus grande des maisons de gros, qui, au genre de Paris, joignent celui de l'exportation.

MM. Croizat ont su, par la nature de leurs débouchés, donner à leur fabrication une étendue qui les classe dans une position relativement aussi élevée que celle des grandes maisons d'unis.

Les exposants de Londres et de Vienne, comme nouveauté, n'ont pas dépassé cette maison : comparativement aux articles de MM. Schulz frères et Beraud, c'est dire qu'ils ont encore bien du chemin à faire; mais si, laissant de côté l'*idée* proprement dite, nous ne nous attachons qu'à la qualité, qu'au prix, qu'à l'exécution, quelle différence entre MM. Croizat et Cie et les fabricants étrangers, et comme les premiers sortent triomphants de cette comparaison.

La maison Bois et Cie appartient à tort à ce groupe de fabricants que le défaut d'espace a partagés en deux. Son nom et le numéro de sa vitrine sont au plafond, pour ainsi dire, et ses étoffes, débordant de l'étroit emplacement qui leur est assigné, viennent enrichir, à droite et à gauche, des cases étrangères : c'est, à coup sûr, de la charité.

De magnifiques damas d'une qualité de cuir, des moires resplendissantes, des pékins blancs, sur lesquels de larges façonnés satin déploient des pétales d'un éclat métallique ; en un mot, une fabrication et une entente particulière placent cette maison dans une classe à part. On sent qu'il y a là un genre créé exprès pour une consommation nouvelle ; c'est quelque chose de cyclopéen. Ce n'est pas la France, ce n'est pas l'Amérique, mais c'est l'Angleterre qui, en bonne ménagère qu'elle est, trouvant nos nouveautés trop légères, a voulu, pour ses bourgeoises, de l'étoffe qui résistât et qui pesât dans la main.

MM. Breband et Salomon, à des genres qui ont quelque analogie avec ceux de M. Bois, joignent, d'une manière spéciale, les robes de moire antique.

Ce tissu, que la mode a mis sous sa protection, et auquel les femmes reprochent cependant un toucher de carton, a pris dans les mains de cette maison certaines qualités qui le feront vivre.

Traité sous les formes les plus variées, en uni,
en façonné, en rayé deux couleurs ; amené à une
qualité de peau, pour ainsi dire, et à des conditions de prix abordables, il est, pour le moment,
parfaitement accepté, jusqu'à ce que les *vulgarisateurs* le fassent descendre dans les régions de
la basse consommation ; ce qui ne tardera pas, ce
qui est déjà.

MM. Rougier et Bonnet ont exposé des gros de
Naples quadrillés, à volants et au mètre, remarquables par la variété de leurs dispositions et le nerf
de leur qualité. Ce joli tissu, que nous avons déjà
vu en noir et en glacé, est encore d'un porté
général quand il est ainsi entendu. C'est la robe
la plus simple et en même temps la plus élégante
que l'on puisse trouver : robe de printemps avant
tout, qui apparaît au mois d'avril avec les premières feuilles ; robe de jeune fille et de grand'-
mère tout ensemble, et qui n'a besoin que d'un
changement de nuance pour établir la démarca-
tion des âges. Cet article est, comme fabrication,
d'une importance considérable en Angleterre ;
mais les manufacturiers anglais, par la nature des
soies lourdes qu'ils emploient, en ont dénaturé le
toucher. Les Suisses, chez lesquels il a pris un
développement relativement aussi grand, et qui,
bien souvent, en inondent le marché américain,
n'ont pas su davantage lui conserver son caractère. Ils en ont fait quelque chose de lâche et de
spongieux. L'économie apportée à Lyon dans les

frais de production de cet article, l'a amené à un prix qui a permis à la grande consommation de s'en emparer d'une manière normale et presque illimitée.

MM. Troccon et Cie, que nous avons cités quand il s'est agi des châles soie d'exportation, exposent des articles pour robes destinés à la même consommation. Il en est de même de MM. Thevenet Raffin et Roux. Tous ces articles sont d'une très grande vente et sont entrés, comme porté, tout à fait dans les mœurs des colonies espagnoles.

M. Tresca, ainsi que MM. Martel Geoffray et Valansot, ont retenu la cravate nouveauté pour homme sur le bord de l'abime ouvert devant elle. Les tissus noirs unis de toute sorte ont singulièrement fait déchoir, comme importance, ce genre autrefois si répandu, et qui, façonné ou rayé, était, en soie, la seule chose qu'un homme distingué pût ajouter à sa toilette. Une mode, venue à point, et d'importation anglaise, a transformé quelque peu la frêle existence de ce gracieux article, susceptible de si grande variété : la cravate, proprement dite, est morte, mais le col lui a survécu.

MM. Desvernay et Péricaud, que nous n'avons pas oubliés, car ils appartiennent à la haute famille de la nouveauté, nous pardonneront de ne pas les avoir placés à côté de leurs pairs. Dieu seul peut savoir combien de temps nous les avons cherchés; si nous les avons découverts, c'est à force de nous livrer, autour de toutes ces vitrines, à un exercice circulaire, qui rappelle volontiers les monotones manœuvres d'un écuyer du cirque. Les volants de cette maison se distinguent particulièrement par les accessoires qui les accompagnent. Dans cette exposition, la qualité semble jouer un rôle secondaire, et s'éloigne certainement, comme perfection, des tissus de M. Ponson ; mais toutes les robes que nous avons sous les yeux n'en sont pas moins pleines de goût et de fantaisie ; l'œil est attiré par l'effet de la bordure, qui est généralement combinée pour être la chose principale. Ce sont, sur des fonds quadrillés, de régulières petites fleurettes bleues ou vertes, contournées d'une trame blanche, qui vient les cercler comme d'un filet d'argent ; d'autres fois, ce sont des pois ombrés, vigoureusement poussés au brun, s'enlevant et tournant sur le fond clair du volant, comme autant de perles noires : le chiné et le velours viennent, avec réserve et modestie, encadrer tous ces riens adorables. Ainsi comprise, nous avouons que la robe à volants doit éblouir une femme et l'empêcher de faire des raisonnements de ménagère.à l'endroit de la qualité.

Cette maison a joint au genre de robe que nous venons de décrire plusieurs tissus, velours et peluche pour étoffes de *modes*, quelques fichus et châtelaines en nuances vives, et peut-être même des galons, à moins qu'ils ne se soient échappés de la case d'un fabricant voisin, dont nous parlerons plus loin.

Les damas et les brocatelles de MM. Potton et Rodier, ont une certaine affinité avec la manière de M. Croizat, tandis que quelques-unes de leurs robes à volants se rapprochent jusqu'à un certain point du faire de M. Bocoup. C'est, on le voit, avoir pied dans les deux camps. Cependant, deux ou trois étoffes au mètre de cette maison, fond couleur armuré, avec le dessin non découpé en broderie, sont dignes, par la qualité et l'exécution, de figurer dans une maison de détail de Paris. Elles sont traitées un peu dans le genre des brocatelles que nous avons vues dans la vitrine de MM. Brunet-Lecomte et Guichard. Plusieurs robes à volants sont simples et coupées par des filets de trame ouvragés pour marquer la bordure. D'autres, toujours unies, quant au fond, sont couvertes dans le bas d'un dessin de liseré, d'une nuance tranchée, fouillé et ciselé comme une rosace gothique. C'est un essai de résurrection que le façonné pur tente de la sorte, mais auquel la femme de Paris aura bien garde de compatir.

En passant devant la vitrine de MM. Maurier et Paul Eymard, nous nous sommes arrêté à examiner un étalage très complet de galons ; mais la meilleure volonté du monde a de la peine à débrouiller cet écheveau où tout se trouve confondu, nuance et disposition. L'ensemble général est un peu celui produit par les fabricants de gilets, à cette seule différence près, que les velours sont moins façonnés et moins chargés de couleurs.

C'est, à notre avis, comme goût, une impulsion plus heureuse qu'ailleurs, donnée à cet article, dont nous avons précédemment apprécié l'impor tance. Des étoffes que nous avons prises pour des gilets, et qui sont, en y portant plus d'attention, de véritables robes, sont étalées à l'entour de cette immense collection de galons. Ce sont des gros de Naples de couleur, avec des effets de velours noir à angle droit : l'une de ces étoffes représente une jupe barrée de lignes brisées, également en velours noir, et se fendant de bas en haut. Cette idée, très en dehors de l'inspiration générale de la fabrique de Lyon, nous paraît peu applicable.

Nous regrettons que cette maison, qui jouit d'une réputation méritée dans la science du coloris et de la disposition, n'ait pas jugé convenable d'exposer de ravissants écossais, que plus d'une fois nous lui avons achetés.

La maison Lapeyre neveu et Dolbeau occupe, à l'Exposition, un rang digne tout à fait de sa vieille renommée. Leur collection présente un assemblage très varié de robes nouveautés, soit à volants, soit au mètre. Là, rien de hasardé, rien de suranné. Tout est venu à point et rentre comme goût dans un milieu sage et mesuré. Vous n'emporterez pas de cette vitrine des idées nouvelles, car tout ce que vous y verrez vous l'aurez vu ailleurs, et bien souvent plus pompeusement exprimé ; mais si vous tenez à vous rendre un compte fidèle du mouvement actuel de la mode bourgeoise, de ce mouvement qui n'est pas d'hier, et bien moins de demain, attendez un instant, vous êtes devant le thermomètre du goût public.

Les robes à volants de cette maison, soit en chiné, soit en façonné, sont parfaites comme exécution. Une étoffe au mètre, rayée par une bande tigrée, imprimée sur chaîne, rappelle un article analogue de MM. Champagne et Rougier. Le même genre de dessin appliqué à des volants, produit une nouveauté qui n'en est pas une, si vous voulez, mais qui, cependant, n'est pas sans charme. Les fabricants étrangers n'ont rien de mieux à faire, pour se dénaturaliser, que de venir étud.er cette intéressante exhibition.

M. Valansot, qui sait passer au laminoir de son intelligence les idées les plus complexes ; qui, dans le creuset de sa savante analyse, triture d'une main sûre les étoffes les plus compliquées et les moins susceptibles de décomposition ; M. Valansot, disons-nous, a exposé un pékin marron uni, d'une grande richesse, et qui nous rappelle M. Million. Sur le devant de cette vitrine, sont des droguets et des articles pour la Grèce, traités avec ce sentiment d'économie dont beaucoup de fabricants ne se doutent pas.

M. Valansot, dans une sphère tout opposée à celle des autres maisons, a rendu, quoi qu'on en dise, des services signalés. Il a prouvé que la concurrence étrangère était, dans plus d'un cas, un fantôme facile à écarter, et en ouvrant à d'autres un chemin où il s'est pour ainsi dire avancé le premier, il a préparé l'avénement de l'étoffe bon marché.

M. Alexandre Giraud a joué pour les serges, les taffetas, les moires, les damas, le même rôle que M. Valansot pour d'autres articles. Seulement, il l'a fait avec plus d'audace et plus de liberté.

Ce sont là les deux maisons de Lyon qui sont entrées le plus avant dans la consommation populaire. Manquant de débouchés à l'extérieur, elles en ont cherché autour d'elles ; elles ont créé des consommateurs qui, avec le temps, ont voulu s'élever ; mais elles ne se sont pas lassées, elles ont plongé plus profond, et en ont bientôt ramené d'autres à la surface.

MM. Sauvage et Cie exposent des étoffes unies pour modes et pour robes. Il en est de même de MM. Descq et Cie, de MM. Roche et Buttner, de M. Mazel, de M. Grataloup. Ce dernier cependant rentrerait plutôt dans le genre de fabrication de la maison Bellon ; car son exposition n'est composée que d'étoffes noires, notamment d'un pékin qui en est la pièce capitale, et qui a dû souffrir de cet excès d'honneur, car il est entièrement contracté. Nous citerons cette maison quand nous serons aux velours unis.

M. Gindre est un fabricant de satin, et pour soutenir l'existence de cet article, il a monté, dit-on, un grand établissement, à l'instar de celui de M. Bonnet, mais dans des proportions moins vastes.

Les droguets noirs qu'il expose sont bien loin, nous ne disons pas comme qualité, mais comme disposition, de ceux que nous avons déjà vus.

MM. Merle frères et Lenoir ont amené le satin de Chine pour doublure à un fini de fabrication très grand, et que l'on ne doit attribuer qu'aux métiers mécaniques qu'ils ont à Vienne. L'emploi des soies est dans une organisation pareille une question de vie ou de mort. Cette maison l'a compris. C'est avec des matières nommées *filature*, qu'elle a obtenu cette régularité qui fait de son satin de Chine un tissu brillant, soutenu et sans rayures.

MM. Barral et Cie triomphent dans le tissu grenadine uni, pour gilets, et dans les armures noires.

MM. Guise et Rollet, en dehors de leurs velours, exposent des serges et des étoffes noires, remarquables par une belle fabrication.

MM. Perrin et Péalat, en châles grenadine et en tissus nouveautés, sont à la hauteur de tous les articles similaires que nous avons rencontrés sur notre route.

MM. Silo cousins rentrent à peu près dans la même catégorie. Leur exposition est cependant plus importante, et surtout plus variée. Une robe à volants fond gaze, robe de bal sans doute, est très remarquable par la composition de sa bordure, qui est en velours bouclé.

MM. Roux frères ont, dans les florences, tissu pour doublure, une réputation qui empêche tout

Avignon de dormir. Les gros de Naples quadrillés qu'ils exposent n'approchent pas, comme qualité, de ceux de MM. Rougier et Bonnet; ils sont cependant recherchés, et placent de la sorte cette maison au rang de celles qui comptent dans cet article.

J'allais regagner mes pénates, heureux de ma tâche avancée, lorsque le pape, que j'ai rencontré dans une vitrine, m'a prié de dire un mot sur son compte.

M. Carquillat, ce lauréat de la gravure à la Jacquard, a effectivement fait le portrait de Sa Sainteté Pie IX. Cette œuvre a déjà été exposée à Londres; elle est remarquable par la simplicité avec laquelle elle est exécutée. C'est un trait, pour ainsi dire; les ombres sont indiquées avec une sobriété de ton qui m'avait déjà frappé, et qui m'a de nouveau étonné.

Les portraits de M. Reybaud sont moins heureusement traités. L'emploi du liseré et le mélange du broché couleur, rappellent le genre de l'ombrelle d'exportation, sur laquelle s'épanouissent un berger enrubanné et Perrette avec son pot au lait obligé.

Le velours est un tissu d'origine chinoise; le manuscrit de Theodulf, dont nous avons déjà parlé, et qui date du VIIIe siècle, à une époque, par conséquent, où les fabriques de Byzance et d'Italie n'existaient pas encore, renferme parmi ses vignettes enluminées, un échantillon de velours façonné, dont la provenance chinoise est évidente.

Dans le moyen-âge, à Londres, à Paris et à Venise, le velours est le tissu obligé de tous ceux qui portent une couronne, de tous ceux qui ceignent une épée. Enrichi de broderies d'or, il devient le manteau des rois ; uni, il passe à l'état de fourrure, et sert à doubler les coiffes des bourgeoises de qualité.

En 1550, l'usage en est tellement répandu parmi les nobles, que Henri II est contraint de promulguer un édit somptuaire pour rendre les vêtements de drap obligatoires.

La fabrication du velours, primitivement importée à Byzance, par des ouvriers persans, qui en avaient probablement reçu les traditions des Chinois eux-mêmes, se répandit bientôt dans les principales villes de l'Italie.

Lucques, Gênes, Venise, Florence, Vienne, devinrent comme autant de fabriques alimentées par cette consommation. Ce ne fut que plus tard, en 1580, longtemps après l'établissement des premiers métiers de drap d'or, que cette fabrication fut essayée à Lyon. C'est à des marchands, ou plutôt à des entrepositaires de soieries italiennes, que nous devons ce bienfait. Ils appelèrent de toutes les villes citées plus haut, des veloutiers experts, qu'ils établirent à Lyon, et dont ils vendaient les produits comme venant d'Italie.

En 1700, le velours de Lyon, amené à une

grande perfection pour cette époque, luttait avec succès contre celui de Gênes ; mais l'usage n'en était guère répandu que parmi les hommes, c'est-à-dire les nobles du royaume. Quant aux femmes de qualité, et ceci dura pendant tout le XVIIIe siècle, elles portaient de préférence des brocards brochés, des pékins, des damassades, des moires satinées et des taffetas rayés et chinés.

Les velours fabriqués au milieu du siècle dernier, sont une preuve de l'étonnant progrès qu'avait fait cette fabrication : mélangés de *coupé* et de *frisé*, nués par cinq ou six *poils* différents, représentant des fleurs d'une délicatesse infinie, guillochés par des effets d'armure d'une variété singulière, tous les velours de ce temps-là sont des chefs-d'œuvre, et ne sont pas surpassés dans le nôtre. Durant les premières années de ce siècle, et même jusqu'en 1820, le velours uni était peu répandu chez les femmes. En France et à l'étranger, il était pour beaucoup d'entre elles à l'état de chose inabordable, leurs désirs même n'arrivaient pas à une telle hauteur. Le temps n'est pas loin de nous où une robe de velours, mêlée à des cadeaux de noces, devenait l'indication d'une grande fortune.

Aujourd'hui le velours, sans dépasser les limites d'une consommation riche et élégante, commence à pousser quelques reconnaissances au dehors. C'est par des ajustements, des galons, des chapeaux, des ornements, qu'il cherche à s'insinuer dans le goût et dans la bourse de la bourgeoisie moyenne. Cette espèce de séduction féline qu'il exerce sur toutes les femmes, en France et dans le monde entier, ouvre donc à la consommation de cet article un horizon immense.

Il est, avec le taffetas que nous avons vu, le tissu le plus simple et le plus distingué qui existe, le plus solide, et, quoique d'un prix élevé, le moins coûteux de tous.

La mode jalouse et inconstante ne peut rien contre lui, elle briserait sa roue à vouloir l'attaquer. D'un brillant mat et modeste, d'une chaleur de nuance sans égale, d'un toucher ferme sans être dur, moelleux sans être mou, dans la toilette d'une femme il n'écrase rien, pas même son teint, auquel, qu'il soit pâle ou rose, il vient ajouter au contraire, le velouté de ses reflets. Aussi a-t-il de plein saut compromis le succès du satin, écrasé la fourrure, et quelque peu attenté à la majesté du châle de l'Inde. Le velours n'a pas pu s'acclimater à l'étranger, si ce n'est à Créfeld, où l'on compte à peu près 10,000 métiers. Mais ce velours, produit par un système de fabrication différent de celui de Lyon, est d'une consommation toute particulière. Il doit le jour, du reste, à la révocation de l'édit de Nantes, et la santé dont il jouit à la prohibition.

Les villes d'Italie qui nous avaient livré, dans le moyen-âge, les secrets de cette industrie, n'ont rien su garder pour elles. Gênes seule a continué, sur une échelle infiniment restreinte, cette fabrication autrefois si florissante. Le velours qu'elle produit, quoique très riche de nuance et parfaitement couvert, a un aspect irrégulier et un toucher lourd et pâteux.

Les fabricants de Lyon qui exposent cet article sont en grand nombre. Quelques-uns l'exploitent grandement, et d'autres d'une manière accessoire. C'est, dans tous les cas, une branche excessivement importante de la fabrique ; mais, de toutes, elle est la plus divisée, la moins centralisée et la plus susceptible cependant d'alimenter une vaste manufacture. Le velours, pour être plus répandu qu'il ne l'est aujourd'hui, a besoin d'un homme de génie, pour ainsi dire, qui apporte dans sa production plus de célérité, c'est aux moyens mécaniques qu'on la devra ; plus d'économie, c'est la création de grands établissements qui la produira.

MM. Girard et Gautier, Girard neveu, Blache et Cie, Janin et Falsan, Brosse et Cie, Drogue Saunier et Binoux, Guise et Rollet, Muzy Galtier et Ponson, Charbinet Troubat, Nicolas Fayolle, Grataloup, Morier Camus et Cie, Mollière, Roche, exposent des velours unis de différentes qualités.

Parmi les maisons que nous venons de citer, il y en a deux qui ont chacune une organisation différente, et qui nous font ainsi pressentir l'avénement prochain d'une réforme complète dans cette fabrication.

MM. Janin et Falsan sont possesseurs d'un pro-

cédé mécanique, par lequel ils font tisser deux
pièces de velours à la fois. Mais le velours qu'ils
obtiennent de la sorte, quoique d'un prix inférieur,
n'est pas toujours d'un écoulement normal; il est
dur, sec au toucher, et, par la nature de la *coupe*,
il a un aspect maigre et quelque peu râpé. Cette
tentative, néanmoins, poursuivie, et avec succès,
depuis de longues années, ouvre la voie aux amé-
liorations mécaniques.

MM. Brosse et Cie représentent l'association des
ouvriers veloutiers. Cette maison a réussi, et,
sans que son succès puisse être la confirmation
d'une partie du programme socialiste de 1848,
elle est une preuve que, dans la cohésion de certains éléments tenus jusque-là pour hétérogènes,
il y a une force et une puissance incontestables.
Les velours de cette maison, d'une qualité équi-
valente à celle des autres maisons, sont cependant d'un prix moins élevé.

Le gilet, quand il est en velours ou en soie brillante, s'accommode peu du puritanisme de nos
vêtements de laine. C'est ce qui explique pourquoi,
de nos jours, les hommes distingués l'ont toujours
repoussé. On comprend que dans le siècle passé,
la mode ait adopté tous ces merveilleux gilets que
nous voyons maintenant porter aux pères nobles
de la comédie. Ce luxe éblouissant de satin, de
velours et de broderies marchait de pair avec celui
des habits de soie, dont chaque bouton était un
soleil et chaque ganse un filet d'or, et cependant

l'exposition de Lyon présente une collection considérable de gilets en velours.

MM. Furnion père et fils, F. Fontaine, Balleydier, Repiquet et Sylvent, Furnion jeune, Ch. Ricard et Cie, exposent des gilets qui se recommandent tous par le mérite de la fabrication. Mais à quelle consommation sont-ils destinés?

Dans toutes les capitales de l'Europe, dans les villes de l'Union, au théâtre comme dans la rue, au bal comme dans les cercles, on voit peu de ces mirifiques gilets. C'est donc une consommation à part, qui est en dehors du goût général, et qui s'amoindrira d'ici à peu de temps. C'est pourquoi, de tous les articles lyonnais qui figurent à l'Exposition, le gilet velours est celui qui est appelé à subir la plus prompte comme la plus complète transformation.

Tous ces tissus ont entre eux des ressemblances de famille très prononcées. Ce sont des dessins sans nom, sans style, des coraux, des fragments de madrépore, des racines, en un mot, toute la flotte marine de M. Balleydier de Hell.

L'exposition de MM. F. Fontaine et Furnion père et fils renferment quelques beaux dessins de fleurs isolées pleines de fantaisie.

Quant aux effets de fabrication, c'est du frisé mêlé au coupé, des doubles et triples corps, des inégalités de poil, des couleurs opposées et vives, toutes choses, en un mot, qui, par le goût, décèlent une consommation qui n'en a pas beaucoup.

Le velours à mouche pure ou couleur, les petits effets grisaille qui atténuent le brillant, les dessins frisés sur fond coupé sans liseré et d'une seule nuance, sont absents ou éclipsés par le voisinage des autres articles.

Après tout, et question de goût à part, toute cette fabrication de gilet porte avec elle le témoignage d'une haute et profonde science du tissu, qui rappelle tout à fait celle du siècle passé.

M. Fontaine a exposé un tableau en velours, représentant les armes de Lyon. On pourrait reprocher à ce chef-d'œuvre une teinte locale un peu trop sombre; mais l'exécution est très ingénieuse, car elle repose sur un procédé qui consiste à supprimer les *cantres*.

La chasse de MM. Repiquet et Sylvent est pleine de vie, quoique d'un effet lourd et un peu empâté.

Les deux Napoléons de MM. Furnion père et fils en ciselé gris camaïeu sur un fond satin ponceau sont admirables, et d'une pureté de contour étonnante dans un velours. Cette maison a un titre à revendiquer : c'est elle qui a créé le gilet grenadine. D'abord traité en façonné, ensuite en uni et en armure, ce tissu, qui est mat, sans brillant, et qui réunit toutes les conditions voulues pour la belle vente, a fini par rester dans la consommation.

La maison Furnion père et fils a encore dans sa vitrine un velours matelassé qui est d'une grande nouveauté, et qui sort complétement du genre de tout ce qui a été exposé en velours ; il serait à désirer que cet article eût moins d'épaisseur.

MM. Servant et Devienne ont une très grande réputation dans une fabrication de gilets complétement différente de celle que nous venons de voir. Ce sont des fonds très peu brillants en gros grains, traversés par des rayures vives, d'autres fois pures : des pois, des effets de moire, du chiné grisaille, donnent à ces gilets un aspect de nouveauté et de distinction qui peut les faire parfaitement accepter, même par les gens les plus antipathiques à la soie.

Quelques fonds ombrés sont moins heureux et rentrent dans le style des gilets de planteur.

MM. Mercier Vuillemot et Neyret représentent, ainsi que M. A. Donat, le gilet de grande consommation. Cet article, dans les mains de ces deux maisons, est traité d'une manière très habile : les dispositions, en général quadrillées, sont animées par des rayures et des effets de soie cuite en très petite quantité. Le coton, qui joue un certain rôle dans la combinaison de la plupart de ces tissus, est parfaitement dissimulé.

MM. Mercier Vuillemot et Neyret, et MM. A. Donat et Cie, en exposant des gilets aussi bien entendus à l'endroit du goût et du prix, nous fournissent la preuve évidente que la fabrique de Lyon trouvera dans cette voie, ou dans quelque autre analogue, des ressources considérables aussitôt que la dernière heure du gilet velours aura sonné.

Les articles de MM. Desmarquest et Cie se rapprochent un peu du genre de la fabrique de Paris ;
mais leur système de fabrication est beaucoup
plus varié, et repose sur un plus grand nombre de
tissus. Plusieurs gilets sont parfaits de distinction :
quelques-uns sont en piqué soie, obtenu par un
dessous de coton ; d'autres sont simplement unis à
grosses côtes, et quadrillés par des nuances douces
et légèrement fondues entre elles. La consommation qui porte les gilets de M. Desmarquest, n'aime
pas ou aime peu ceux de soie ; c'est dire que dans
les produits de cette maison, le brillant du tissu
est parfaitement atténué.

Nous reconnaissons dans l'exposition de MM. Ba-
ron et Gonon une intention bien dessinée de
ramener à Lyon la fabrication du gilet cachemire :
c'est un essai courageux, mais nous doutons qu'il
soit couronné de succès. La consommation aura
de la peine à oublier le gilet de Paris, qui est en
général traité d'une manière ravissante ; néanmoins nous devons à cette maison de grands éloges, car son tissu est très beau et ses dessins très
bien compris. Ce que l'on pourrait reprocher à
l'ensemble de cette exposition, c'est une teinte
générale d'ocre qui vous frappe à distance, et qui
est produite par l'emploi trop souvent répété du
rouge et du jaune, nuances de cachemire dont
Paris est avare.

La fabrication du gilet à Lyon est très importante ; elle est beaucoup plus divisée que celle du

velours uni, et beaucoup moins susceptible d'être exploitée largement.

Les gilets cachemire de Paris, les nouveautés du Nord, les tissus anglais lui feront longtemps une rude concurrence, à moins qu'une étude approfondie de l'emploi de la laine et du coton, n'amène les fabricants sur la voie du gilet *mélange*, dans le genre de Paris et non dans celui de Roubaix.

Les tissus de soie unis, en noir principalement, tels que les armures, les gros grains, les grenadines, les satins sans apprêt et peu brillants, sont d'une consommation très étendue, moins en France cependant que partout ailleurs ; les maisons qui les fabriquent sont, en général, celles dont nous avons parlé dans la catégorie des robes : MM. Bellon et Cie, Heckel et Cie, Barral et Cie, etc.

Toute la fabrique de Lyon n'est pas représentée à l'Exposition. Il nous serait difficile de parler des absents, car pour les connaître il faut étudier leurs produits. Cependant nous devons regretter l'abstention de MM. Michel frères, une des plus grandes maisons de Lyon en étoffes noires unies, en même temps qu'elle est une des plus recommandables. Nous regrettons également de ne pas avoir rencontré MM. Morand et Porte, Claude Girard, fabricant de façonnés, MM. Riboud, Belmont-Terret, Giraud et Mollard, tous fabricants d'unis. Ont-ils craint de manquer de place, ou bien, par charité, ont-ils voulu donner la leur ?

Voilà notre tâche finie. Nous l'avons accomplie

avec conscience, tout au moins nous le croyons.
Nos recherches ont été constantes, approfondies,
peut-être même trop méticuleuses. Quand nous
avons douté, et cela nous était permis, car il ne
faut pas qu'on perde de vue que notre position de
marchand peut impliquer des connaissances générales, mais pas le moins du monde spéciales ; quand
nous avons douté, disons-nous, nous avons eu le
bonheur de rencontrer sur notre chemin des hommes compétents qui sont venus nous éclairer.

Avant de retourner à notre boutique de petit
marchand, nous vous demandons seulement la per-
mission de vous présenter, Monsieur le Directeur,
quelques réflexions sur l'avenir de la fabrique, tel
que, du moins, il nous apparaît. Ce sont les impressions, ou, si vous aimez mieux, les conjectures
que nous a laissées l'étude comparée de l'organisation manufacturière française et étrangère que
nous allons vous retracer. Nous nous sommes
laissé guider par ce que nous croyons être le sens
des choses futures dans l'ordre industriel.

L'Angleterre, la Prusse rhénane, la Suisse, l'Espagne, l'Autriche, l'Italie sont, sous le rapport du
goût et de l'exécution d'une infériorité qui laisse
tout à son aise rayonner la haute suprématie de la
fabrique de Lyon. Si les gouvernements d'Europe
se décident à entrer un jour dans la voie de la
liberté commerciale, que l'Angleterre a ouverte la
première, et que le puissant génie de l'Empereur
reconnaît aujourd'hui comme la loi de l'avenir,

nous ne doutons pas un seul instant que toutes ces concurrences étrangères ne s'éteignent pour faire place à des industries naturelles, plus appropriées au caractère inhérent à chacun des peuples que nous venons de citer.

L'Angleterre, que sa longue expérience industrielle a rendue plus audacieuse que nous, l'Angleterre, à laquelle sa puissance maritime, résultat de son état insulaire, a ouvert de nombreux débouchés, est le seul peuple au monde qui, même dans l'hypothèse de la liberté la plus étendue, pourrait réchauffer dans son sein les restes éteints de l'industrie des soieries.

Les tissus de soie unis de la Grande-Bretagne exercent sur tous les marchés possibles une influence redoutable : les nôtres, à chaque pas, se heurtent douloureusement contre leur puissante concurrence, et cependant l'Angleterre est étrangère à tous ces éléments de fabrication, qui semblent être le partage exclusif de l'industrie lyonnaise. La force de l'Angleterre, en ce qui concerne les soieries, ne dérive donc que de son organisation industrielle et de son intelligence commerciale.

Lyon, pour l'uni, marche de plus en plus vers des réformes d'économie dans la production. Les moyens mécaniques, les grands établissements, le monopole des fortes maisons, — chose nécessaire, c'est fâcheux à dire, — le rapprochent et le rapprocheront de plus en plus de l'organisation anglaise. Mais ce qui manque complétement, non-seulement aux Lyonnais, mais encore à la plupart des commerçants français, c'est le sentiment des larges affaires. Ce défaut ne tient qu'à une chose, à notre jeunesse industrielle. Nous sommes nés d'hier : notre pensée ne va pas au delà de l'étroit horizon qui est devant nos yeux ; l'amour des détails, et aussi la peur de nous égarer, donnent à toutes nos opérations un caractère de mesquine étroitesse. Nous sommes étrangers à la direction d'une industrie, comme nous le sommes aux ressources du crédit, arme si puissante dans les mains de l'Angleterre et de l'Amérique. Etudiez le commerce de Lyon et jugez.

Lyon doit l'origine de ses manufactures d'étoffes de soie à deux édits royaux : l'un de Louis XI, de 1466, qui fonda dans cette ville l'établissement des premiers métiers, et y appela des ouvriers italiens ; l'autre, de Charles VIII, de 1494, qui ne toléra, en fait de tissus de soie, que ceux de fabrication française. La ville de Lyon, il faut le reconnaître, était plus propre que toute autre à recevoir dans son sein cette riche industrie ; car depuis deux siècles environ elle était devenue l'entrepôt général de toutes les étoffes du Levant et de l'Italie. Peuplée de Lucquois, de Florentins et de Gênois, elle avait reçu, par suite de ses rapports avec l'Italie, comme une espèce de pressentiment avant-coureur de cet art de la soie, jusque-là inconnu dans le pays de France.

Et cependant, cette riche industrie, qui devait

plus tard faire de Lyon une ville sans rivale au monde, ne fut pas d'abord accueillie à bras ouverts. Les bourgeois et le peuple opposèrent quelque résistance à l'édit de Louis XI. Des taxes nouvelles décrétées pour subvenir aux frais de ces premiers établissements, furent la cause de cette opposition passagère.

Peu à peu le nombre des métiers fut augmenté ; les immigrations d'ouvriers italiens devinrent plus fréquentes, et, la protection des rois aidant, les soieries de Lyon commencèrent à faire délaisser les étoffes étrangères.

C'est ainsi qu'est née la fabrique de Lyon ; mais cette industrie, la plus glorieuse de France, a mis à grandir plus de temps que nous ne le pensons. Dans le siècle passé, alors même qu'elle était reconnue pour une puissance, et qu'elle était enviée par les étrangers, le rôle qu'elle jouait sur les marchés du monde se réduisait à bien peu de chose ; l'art était créé, mais l'industrie proprement dite n'existait pas encore. Les fabricants de ce temps-là étaient des artisans pleins de génie, mais ils n'étaient pas des manufacturiers, comme nous l'entendons aujourd'hui. Ils étaient cependant tout ce qu'ils pouvaient être, car la consommation manquait à leurs produits, et la science à leurs moyens d'exécution.

Ce n'est qu'en 1815 que Lyon commence à jouer un rôle. Depuis cette époque, ce rôle n'a fait que grandir : de nombreux débouchés s'ouvrent à son activité naissante ; l'Amérique du Nord, celle du Sud, la France, le monde entier achètent ses produits ; le luxe, qui est la conséquence de l'expansion industrielle, rejette au loin ses vieux tissus de laine et de coton, et la soie, d'une manière à peu près générale, les remplace ou tend à les remplacer.

Aussi voyez quels pas de géant fait cette industrie : en 1840, le chiffre de sa production s'élève à deux cents millions à peine ; aujourd'hui il atteint quatre cents millions.

La force des choses, c'est-à-dire les besoins progressifs de la consommation, porteront ce chiffre à un milliard d'ici à quinze ans. Tous ces calculs ne sont pas hypothétiques ; il n'est pas donné de juger la fabrique de Lyon seulement par la somme de son exportation, car la France figure aussi dans le chiffre de sa production.

Mais à ceux qui douteront, nous dirons : Réunissez tous les fabricants de Lyon en 1840, comparez-les avec ceux de 1855 et prononcez-vous.

Nous ne croyons pas, on le voit, pour notre part, à l'amoindrissement de cette colossale industrie ; mais il pourrait arriver cependant que cette marche ascendante soit momentanément arrêtée.

La branche la plus vivace de la fabrique lyonnaise est celle que l'on nomme la *nouveauté ;* elle peut être déplacée, elle peut quitter Lyon, elle ne quittera jamais la France, car elle repose sur le goût public, et aucun peuple à l'étranger ne le possède au même point que nous. Malheureusement, la nouveauté joue un rôle très secondaire, quoique cependant son influence soit grande, et peut-être même fatale, comme nous le verrons plus loin.

La fabrication des unis, c'est-à-dire de tous les articles qui sont en dehors des fluctuations de la mode, est la principa'e richesse de Lyon, aujourd'hui et dans l'avenir, mais elle peut être la plus vite compromise, car tous les éléments ne sont pas réunis autour d'elle pour la protéger et la maintenir. Les manufacturiers de Lyon ont leurs acheteurs à leurs côtés. Ce sont les agents naturels de l'écoulement de leurs produits ; ce sont eux qui cherchent et qui trouvent les débouchés, et qui sollicitent, dans tous les pays du monde, des consommateurs toujours renouvelés.

Les manufacturiers de Lyon ont encore des ouvriers formés par les traditions, des teinturiers qui se sont faits par expérience ; ils ont autour d'eux le plus vaste marché de soie du monde ; ils ont tout, mais il leur manque ce que les Anglais, ce que les Américains possèdent au souverain point, l'intelligence industrielle.

Il est évident qu'en face du développement immense de l'industrie des soies, l'esprit public doit se modifier à Lyon. On ne marche pas à un milliard de productions manufacturières avec les mêmes errements que lorsqu'il s'agissait de deux cents millions, comme en 1838 ; c'est une direction

à imprimer, ce sont d'autres allures qu'il faut, si l'on ne veut pas être arrêté au milieu du progrès, et surtout si l'on ne veut pas se laisser atteindre par la concurrence étrangère.

La nouveauté riche et par conséquent d'un prix élevé, mise à l'ordre du jour par quelques maisons de Paris, qui n'ont pas le sentiment des grandes affaires, mais bien celui du détail, est, dans ce moment, une des causes qui pourraient le plus contribuer à arrêter l'élan de la fabrique lyonnaise. Ce genre d'étoffe, qui implique une consommation restreinte et des moyens d'exécution très coûteux, commence déjà à comprimer l'essor de tous les articles unis et façonnés qui occupaient, il y a quelques années, des milliers de métiers. Si cette propension aux soieries coûteuses était plus long-temps encouragée, la fabrique de Lyon, réduite *intrà-muros* à un nombre de métiers qui va toujours en diminuant, ne serait plus qu'une industrie de luxe, la pire de toutes les industries. Il ne faut pas que l'on perde de vue que l'importance actuelle des manufactures de soieries en France est due avant tout à la consommation toute naissante de la bourgeoisie moyenne.

Or, cette consommation, c'est l'arrêter que de lui imposer des étoffes riches. Le mal qui n'est aujourd'hui qu'à son début, sera bien plus grand quand l'exemple, parti de Paris, se répandra dans le monde entier, et quand les femmes, au lieu d'acheter, dans l'année, quatre ou cinq robes, comme elles font en Amérique et en Angleterre, se contenteront d'une seule robe de deux ou trois cents francs. Ne sera-ce pas, nous le demandons, nous ramener un peu au temps où nos grand'-mères léguaient à la génération qui venait après elles, la robe de soie de leur mariage?

Les femmes sont ce qu'on les fait. Ce proverbe conjugal est applicable à la circonstance. Il dépendait de quelques boutiquiers de Paris, dont nous faisons partie, et qui malheureusement ont une certaine autorité, de lancer la femme dans l'étoffe moyenne plutôt que dans l'étoffe riche. Mais la peur des grandes affaires et l'amour exagéré du petit commerce, les ont détournés de cette voie.

Ce qui fait l'importance de la consommation anglaise, de la consommation américaine, nous le répétons, c'est l'étoffe à bon marché ; ce qui arrête la nôtre, c'est l'étoffe chère ; et — ce qui sera encore plus malheureux — notre exemple.

Nous souhaitons que les fabricants de Lyon aient assez de force et d'intelligence pour résister à ce courant fatal.

Cette fabrication coûteuse, est cependant moins profitable à l'ouvrier que celle des articles à bon marché, car elle nécessite des frais considérables, en même temps qu'elle amène des chômages plus fréquents; cette fabrication, disons-nous, jointe à la cherté des vivres, a rendu presque impossible, à Lyon, l'exécution des étoffes ordinaires. Elle provoquera l'émigration des ouvriers à la campagne et la formation plus générale des grands établissements. Voilà le seul bien qu'elle aura produit, et pour ce seul bien, elle aura arrêté l'essor dont nous sommes témoins.

Quoi qu'il en soit, cette influence, nous osons l'espérer, ne pourra être que passagère ; elle sera combattue par la propension des femmes de toutes les classes à porter de la soie. L'étoffe de consommation générale prévaudra, et Lyon continuera sa marche vers la grande industrie.

Les maisons d'exportation étrangère, les commissionnaires des États-Unis, les représentants des acheteurs anglais, les grandes maisons de Paris, sont et seront longtemps encore les propagateurs intéressés de l'étoffe moyenne. C'est par leur entremise qu'elle se répandra de plus en plus dans les masses, et qu'elle tendra à se substituer aux étoffes de coton et de laine.

Un tel développement en germe dans l'avenir implique une organisation nouvelle : Lyon y tend d'une manière complète, et les grandes maisons d'unis que nous avons vues à l'Exposition, ne sont que l'expression du moment et non point celle de l'avenir. Les fabricants n'ayant qu'une chose à rechercher pour surpasser les Anglais — l'économie dans les frais de production — seront naturellement amenés à la formation de grandes manufactures. Une fois sur ce terrain, c'est la fabrication à la campagne, dans de vastes ateliers où, sans aliéner sa liberté, l'ouvrier trouvera plus de bien-être que dans son isolement actuel. Ce n'est plus la production spéciale d'un seul article, mais bien celle de plusieurs : gilet, satin, velours, uni, taffetas, façonné, etc., divisés en départements, comme l'est la vente à Paris dans les grandes maisons de détail, et placés sous la surveillance d'un homme de tête, élevé à l'école anglaise ou américaine. Les intermédiaires obligés, qui sont aujourd'hui les agents de l'écoulement de la production des soieries, seront nécessairement maintenus ; car leur présence au sein de la fabrique de Lyon est une cause incontestable de prospérité.

Mais la forme de leur intervention subira de grandes modifications ; du rôle d'intermédiaires qu'ils jouent, ils monteront presque tous à celui d'importateur ou d'entrepositaire ; et le rouage qui existe aujourd'hui, sous le nom de commissionnaire, cessera de fonctionner pour faire place à celui qui agit le plus directement, le plus économiquement et le plus près de la consommation.

Malheureusement, nous avons toute une éducation à faire dans cette science du crédit, à laquelle les Anglais sont formés depuis bien longtemps. On ne le croirait pas ; ce qui manque aux fabricants de Lyon, après le sentiment des grandes affaires que la force des choses leur inculquera forcément, ce qui leur manque, c'est l'argent.

Le mouvement des capitaux industriels repose, à Lyon, sur ce système : prendre un ordre ou une commande d'étoffes ; acheter la soie pour l'exécuter ; payer cette soie à quatre-vingt-dix jours, et les ouvriers, durant le cours de la fabrication, qui est en moyenne de soixante jours ; livrer cet ordre pour rentrer dans son capital à quatre-vingt-dix jours de date.

Cette voie suivie jusqu'à présent par la routine dans laquelle s'est endormie l'incurie des fabricants jointe à leur inexpérience en matière de crédit, est une voie funeste dont ils doivent sortir au plus vite, s'ils veulent se trouver à la hauteur du mouvement inouï de leur industrie.

Il n'y a personne au monde qui puisse mettre en doute les déplorables conséquences d'une telle organisation.

La nécessité de capitaux considérables entraîne l'augmentation des frais, et la rareté des capitaux directement engagés dans l'industrie, arrête l'essor de la production pour la concentrer de la sorte dans les mains de quelques maisons assez riches pour s'élever au monopole de la grande fabrication, sans espoir pour celles qui ne le sont pas, de pouvoir jamais les égaler.

Si M. Pereire, dont le génie des grandes affaires est, pour ainsi dire, providentiel, et qui a, il semblerait, reçu la mission de nous façonner à des allures plus larges et plus en rapport avec notre époque ; si M. Pereire connaissait la fabrique de Lyon, il viendrait, nous n'en doutons pas, changer cet ordre de choses.

Un établissement de crédit, spécialement affecté à la fabrique de Lyon, et qui aurait pour mission, dans certains cas et dans certaines limites, de devancer le paiement de l'acheteur en prenant pour garantie ce paiement lui-même, serait, tout le monde le reconnaîtra, l'institution la plus utile dans ce moment, en même temps que la plus profitable pour ceux qui la dirigeraient.

Pour nous résumer, l'industrie des soieries marche à une fortune sans précédent ; la plus considérable de France aujourd'hui, elle est appelée, d'ici à peu de temps, à être la plus riche du monde.

Sa spécialité de nouveautés n'a rien à craindre de la concurrence étrangère ; celle de ses unis et de ses articles de consommation, la seule qui établisse sa puissance, malgré l'Angleterre, malgré la Suisse, et par l'effet d'une organisation qui peut être pressentie, atteindra une hauteur qui sera digne de la France et du nom glorieux qui la gouverne.

A quinze ans, Monsieur le rédacteur ! Paris, dans son enceinte élargie, conviera le monde entier à une seconde Exposition universelle. L'industrie, qui n'a pas dit son dernier mot, vous le voyez, s'élèvera un palais gigantesque dans la plaine de Saint-Denis. La science fera descendre du ciel ce qu'il faudra d'électricité pour éclairer la nuit et pour mettre en mouvement les innombrables et nouvelles machines qui seront exposées. Si Dieu prête vie à votre journal et à votre serviteur, et si vous me le permettez, je me réserve, Monsieur, de vous adresser encore un compte-rendu. Mais ce sera, je le prévois d'avance, une rude tâche, car l'industrie des soieries dépassera peut-être un milliard, et comptera dans son sein des maisons faisant de 25 à 30 millions.

NOUVELLES LETTRES

SUR LA

FABRIQUE DE LYON

PREMIÈRE PARTIE.

INFLUENCE DE L'ART DANS L'INDUSTRIE

Je vous remercie, Monsieur le rédacteur, de la lettre que vous m'avez fait l'honneur de m'écrire, et pour répondre autant qu'il est en mon pouvoir aux choses gracieuses que vous m'adressez, je vous dirai que je me suis occupé de donner, comme vous me l'avez demandé, un certain développement à la conclusion qui terminait ma revue de l'Exposition. Je vous envoie aujourd'hui ce travail, et je souhaite que les idées qui y sont exposées soient sympathiques aux vôtres et à celles de vos lecteurs. Cette espèce de communion serait certainement très flatteuse pour moi ; seulement, pour qu'elle soit complète, il ne faut pas perdre de vue qu'en jugeant la fabrique de Lyon, et qu'en me permettant même de la *disséquer*, je me place souvent sur un terrain plus vaste que celui même de son industrie. C'est de la prétention ; c'est quelque peu ambitieux, dira-t-on : il n'en est rien. Quand on parle de Lyon, on parle d'une ville riche, noble et puissante, et les questions qui la touchent, qu'il s'agisse de ses ouvriers ou de ses manufacturiers, appartiennent au régime industriel dans sa plus large étendue. C'est dire conséquemment que tous les abus, que toutes les erreurs au sein desquels nous nous débattons en France et en Europe, se retrouvent dans le commerce des soieries à un état pour ainsi dire endémique.

Le succès de la fabrique de Lyon a jusqu'à présent reposé sur ce que l'on est convenu d'appeler le *goût* ; c'est-à-dire le goût industriel, et qui n'est pas autre chose qu'une sorte de bon sens ou de modération pleine d'à-propos dans le sentiment de la forme. Cet à-propos est, en d'autres termes, l'appréciation toujours sage et mesurée de la mode du moment. Le goût industriel est donc essentiellement variable, et bien loin, par conséquent, de cette immobilité majestueuse qui constitue le goût dans les arts. Seulement, le caractère français, plein de fantaisie et de haute raison en même temps, lui a imprimé cette pureté, cette harmonie qui en a fait une qualité toute particulière à notre nation, et que l'on ne saurait trouver ailleurs. Malheureusement, comme nous le verrons plus loin, nous avons exagéré cette précieuse qualité.

Dans les siècles antérieurs au nôtre, et lorsque l'industrie n'existait pas encore, le *goût*, dans une certaine production touchait à l'art pour ainsi dire. Les émaux de Bernard de Palissy, les ciselures de tous ces glorieux artisans de Florence, les étoffes de l'Italie, celles de Lyon étaient comme autant de chefs-d'œuvre dignes des familles patriciennes auxquelles ils étaient destinés. Aujourd'hui, en France, nous vivons sur les traditions de ce temps-là, et nous n'avons pas, quand nous cherchons des inspirations de meilleurs modèles à consulter.

Cette vieille industrie artistique est donc la source de notre goût moderne. Venue du fond de l'Asie dans le IXe siècle, à chaque halte qu'elle a faite à Byzance, à Palerme, à Venise, elle s'est épurée, transformée. Fixée en Italie dans le Moyen-Age, elle y a joué un rôle splendide et a créé la Renaissance, qui fut la plus haute expression de l'art et du goût industriel!

Lyon fut la première ville de France qui se réchauffa aux rayons de ce foyer. Ses fabriques étaient à peine établies que déjà le goût, le génie italien se répandaient parmi ses habitants. Dans l'histoire de l'industrie en France, le rôle de cette ville est magnifique : elle a éclairé ces trois derniers siècles et a contribué à former notre goût national, en s'appropriant d'une manière éclectique, pour les appliquer à ses manufactures, tous les styles de dessin, tous les tissus, toutes les nuances connus.

Lyon continuait ainsi la splendeur des fabriques italiennes : c'était la recherche de la perfection et comme l'art dans l'industrie. Paris ne tarda pas à entrer dans cette voie ainsi ouverte. Tous ses produits : meubles, bijoux, broderies, etc., revêtaient un caractère inouï de fini et de richesse. Le peuple était oublié, on ne le soupçonnait pas capable de pouvoir jamais s'élever au rôle de consommateur ; la noblesse seule et la haute bourgeoisie étaient le point de mire de la plupart des producteurs.

Lyon et Paris créèrent de la sorte ce goût merveilleux qui est devenu le caractère dominant du peuple français en matière industrielle. Aucune nation, ne s'enrichissant comme nous des dépouilles de l'Italie, n'eut des éléments pareils aux nôtres pour s'élever à notre hauteur. Nous devînmes bientôt les arbitres suprêmes du goût européen. Le monde entier s'habitua à cette dictature, et aujourd'hui encore nous l'exerçons avec la même puissance. On chercherait en vain en Angleterre et en Allemagne les traces d'une semblable domination : l'Italie entière était passée en nous, et l'Espagne, qui aurait pu devenir notre rivale, oubliait de l'être pour marcher à sa décadence.

Jusqu'à la fin du siècle passé, cette espèce de supériorité fut un bienfait pour nous, et pourtant c'est à elle que nous devons d'avoir débuté cent vingt ans plus tard que l'Angleterre dans la grande industrie.

Il n'est pas difficile de reconnaître que ces soins minutieux, que ce travail d'artiste dans la production, nous détournaient des hautes spéculations manufacturières, et qu'il y avait là une incompatibilité évidente qui nous mettait en dehors du grand mouvement dans lequel étaient entraînés nos voisins.

En effet, pendant que nous produisions tous nos chefs-d'œuvre, Papin quittait la France, le marquis de Jouffroy se ruinait dans ses essais de navigation à la vapeur, et Newcomen, H. Margreaves, Arkwright et James Watt fondaient la puissance de leur pays, par leurs immortelles découvertes ; des habitudes étroites de détail s'infiltraient dans nos mœurs et des vues mesquines dans nos combinaisons commerciales. Une indifférence inouïe en matière de débouchés, une ignorance absolue des lois économiques que Turgot, traité d'utopiste, avait posées sans qu'elles fussent comprises, et qu'Adam Smith avait fait accepter de ses concitoyens, nous rendaient étrangers et impropres même à cette grande industrie plébéienne qui apparaissait sur le seuil du XIXe siècle.

Si, pour tout ce qui se rattache à l'art, nous sommes le premier peuple du monde, en est-il ainsi quand il s'agit du commerce et des manufactures ? Il faut aller en Angleterre pour se rendre compte de notre infériorité. Il faut connaître les Américains du Nord et les Allemands même, pour nous juger. A part l'industrie cotonnière, qui atteint à peine le chiffre de 800 millions, mais qui cependant est exploitée sur une large échelle ; à part la métallurgie, qui commence à s'organiser dans de vastes proportions, où trouvera-t-on, en France, cette puissance dans la production, ces vues hautes et profondes dans les affaires que nous rencontrons ailleurs ?

Tout en bénissant cette influence de l'Italie qui a développé en nous le sentiment général de l'art, ne serait-il pas à désirer que nous pussions comprendre que l'industrie de notre siècle n'est plus celle du passé ? Tout en gardant précieusement ce dépôt sacré que la Renaissance nous a légué, ne serait-il pas prudent de nous persuader qu'il n'est pas tout, et qu'en ne faisant fonds que sur lui, nous courons bien risque de nous égarer ?

Quelle est la mission de l'industrie dans notre siècle, surtout dans un pays comme la France, si ce n'est de répandre le bien-être, partout, par la production et par le travail ? L'art est noble, l'art est grand, c'est incontestable ! l'art est une cause de civilisation ! mais, pour cela, il faut le laisser dans les régions d'où il rayonne : le faire descendre de ses hauteurs, c'est, sans aucun doute, le prostituer et s'amoindrir soi-même.

Il y a, dans l'exposition anglaise, une catégorie, la céramique, qui nous donne une idée parfaite de la manière dont l'industrie est comprise de l'autre côté de la Manche. On peut dire hardiment que, de toutes les spécialités exposées par l'Angleterre, celle ci est la plus complète, et la seule qui nous éclaire, sans étude préalable, sur son caractère industriel. Dans l'exhibition dont je parle, une part suffisamment large est faite à l'art proprement dit, car vous trouverez là des vases ravissants de forme, en biscuit blanc, gris, bleu de Chine, vert d'eau, dont l'épiderme est d'une finesse prodigieuse, et qui sont tout unis ou émaillés de topazes et d'émeraudes, reliées entre elles par des anneaux de carmin. Ces vases sont d'un prix exorbitant. Mais, à côté de ces merveilleux chefs-d'œuvre et de tant d'autres d'un style tout différent, quelle perfection raisonnable, quelle abondance de production, et surtout quelle modicité de prix, quand il s'agit de la consommation usuelle! Deux éléments sont là en présence, on le sent, l'art d'abord, l'industrie ensuite : l'un reste dans sa sphère, et ne remplit qu'un rôle d'inspiration; l'autre subit ce rôle, mais sans s'altérer, et se contente de produire, en n'ayant pour but que l'abondance, la perfection et l'économie.

Croyons-le, nous ne savons pas, en France, garder une mesure pareille. Notre tendance *artistique* en matière de fabrication, en la faisant dominer, comme nous y sommes habitués, est une chose fâcheuse; nous en sommes fiers, sans aucun doute, mais nous avons tort de l'être trop. Car cette tendance dont nous parlons, marquée chez les uns, n'engendre chez beaucoup d'autres qu'une incapacité commerciale. A coup sûr, je ne crois pas

qu'un fabricant de Lyon, de Saint-Etienne ou de
Paris, tressaille au nom de Phidias, de Raphaël ou
de Racine. L'art, pour lui, n'est qu'une tradition,
qu'il subit sans trop savoir quel nom lui donner;
mais cette influence l'égare malgré lui.

Pour me résumer, l'industrie italienne du Moyen-
Age a formé le goût français; mais la nature de
cette industrie nous a fait une loi de la recherche
absolue de la perfection. Or, la préoccupation de
cette recherche nous a dérobé le but réel du travail, en même temps qu'elle a rapetissé nos idées
d'une manière à peu près générale sur le crédit,
sur les débouchés et sur les moyens de production.

Ce mouvement naturel et spontané, qui nous
entraîne vers cette perfection coûteuse dont j'ai
parlé plus haut, sera modifié sans que nous nous
en apercevions, mais nullement détruit. Ce goût si
pur, qui a bercé, pour ainsi dire, notre enfance industrielle, ne nous abandonnera jamais, il est inhérent à notre nature; mais il ne sera plus aussi
exclusif, et plus d'une fois, comme malgré nous,
il sera subordonné à des considérations d'économie, qui jusqu'à présent ne nous ont jamais arrêtés.

Car, sans nous en douter, et par la force d'une
loi invincible, nous marchons vers la grande industrie, vers cette industrie qui cherche dans une
organisation spéciale l'accroissement de la consommation et le travail pour tous, sans que pour
cela elle soit le moins du monde une cause plus
marquée de déréglement dans la production.

La production immodérée, sachons-le bien, est, à l'heure qu'il est, pour nous et les autres nations, la conséquence logique de ce système restrictif qui resserre tous les débouchés. Qu'il s'agisse de l'Angleterre, ou qu'il s'agisse de la France, toujours est-il que nous usons nos forces dans des crises périodiques et inévitables ; seulement, en raison de la nature de notre industrie, nous sommes, nous, plus cruellement atteints que les Anglais, qui supportent, dans des moments pareils, une dépréciation moins forte dans leurs produits que celle qui frappe nos industries de luxe.

DEUXIÈME PARTIE.

LES OUVRIERS ET LES MACHINES.

C'est surtout en étudiant la fabrique de Lyon que l'on peut reconnaître les effets de l'influence dont je viens de parler.

Il y a vingt ans, Lyon comptait dans son commerce d'exportation, et pour un chiffre considérable, l'Angleterre, l'Allemagne, la Russie et l'Espagne. Peu à peu, et par l'effet de l'indifférence dans laquelle il tenait tous ses articles de grande consommation, Lyon a vu ces différentes nations les acclimater chez elles et les fabriquer à des prix plus avantageux que les siens.

9

L'importance industrielle de Lyon a, sans aucun doute, grandi considérablement pendant ces dernières années ; mais cet accroissement n'est dû, en partie, qu'au délaissement progressif des tissus de laine et de coton, et, sans cette circonstance, il serait facile de sonder le vide qu'a dû produire, dans le chiffre de son commerce, la rivalité des fabriques étrangères que je viens de citer.

Pouvait-on se défendre ? demandera-t-on. Oui, incontestablement. Mais, pour cela, il fallait secouer le joug des vieilles traditions et entrer à pleine voile dans la grande industrie.

Supposez un moment Lyon en Angleterre. Pas un pouce de terrain n'eût été perdu. Et supposez que Lyon eût su maintenir sa supériorité dans l'étoffe de consommation, de manière à désespérer ses concurrents, jugez à quel degré de puissance il serait arrivé aujourd'hui.

Pendant que les fabricants lyonnais passaient leur temps à cette recherche de la perfection absolue, sans souci de l'organisation économique de leur industrie, l'Angleterre essayait ses forces sur tous les marchés du monde, appelant à son secours le crédit, les débouchés, les moyens mécaniques et les soies de l'Asie.

Les Lyonnais, il faut le dire, ne sont pas les seuls à avoir tort en cette circonstance ; leur manque d'initiative leur a fait accepter la tutelle des acheteurs de Paris et, sous ce patronage rétrograde, ils sont restés des fabricants purement et simplement comme on l'était en 1810. S'ils se sont aujour-d'hui quelque peu relevés, ils le doivent, avant tout, à l'influence des maisons anglaises et américaines.

Ce que la concurrence étrangère lui a enlevé, Lyon l'a donc retrouvé, et avec une grande compensation, dans les besoins nouveaux de la consommation. Ceci n'est pas un triomphe, reconnaissons-le, ce n'est qu'un effet de la force des choses. Par suite de la fausse direction dont j'ai parlé, on s'est avancé de plus en plus dans la fabrication des étoffes de luxe, et sans perdre de vue complétement, il est vrai, la production des articles de grande consommation, on l'a considérée comme un accessoire, au lieu de la tenir comme le but où l'on devait tendre.

J'ai tracé plus haut le résultat probable de cette fabrication coûteuse des soieries de prix, si l'on continue à la propager. Je ne reviendrai pas sur ce sujet ; mais je dirai, avant de parler du présent, qu'il y a parmi les acheteurs de Paris, dont l'influence a été si fatale au commerce lyonnais, une exception en faveur de quelques maisons hardies, aux allures presque anglaises, qui ont créé pour ainsi dire à Lyon l'importation dans les mers du sud, et qui ont de la sorte un titre à sa reconnaissance ; j'admettrai également dans la même exception tous les grands détaillants qui, par l'économie apportée dans leurs frais, ont pu vendre l'étoffe de soie à bon marché, et su, de la sorte, la rendre populaire.

En rendant aux articles ordinaires la place qu'ils doivent occuper au premier rang dans leur industrie, et en regagnant ainsi le terrain qu'ils ont perdu, les fabricants, pour s'y maintenir ont, ce me semble, deux choses à envisager : le salaire de leurs ouvriers et l'organisation commerciale de leurs manufactures.

A l'heure qu'il est, la fabrication de tous les articles qui sont en dehors de ce qu'on appelle la *nouveauté* est, pour ainsi dire, devenue impossible à Lyon. La hausse de la main-d'œuvre a atteint des proportions qui laissent le champ libre à la concurrence étrangère. Et même en subissant les prix les plus exagérés, il n'est pas possible, m'a-t-on dit, de garantir l'exécution d'une *commission*. Les ouvriers sont rares, c'est le cri général, et cette rareté on l'attribue à la guerre. On se console enfin, car on espère que cet état de choses ne sera que transitoire ; mais, en cela, on se trompe.

L'apprentissage, ce rouage générateur, ne fonctionne plus ou fonctionne beaucoup moins à Lyon depuis quelques années. Or, on conçoit le rôle naturel de l'apprentissage. C'est de là que sortent, à chaque instant, les jeunes ouvriers qui viennent remplacer ceux qui ne sont plus ou que la vieillesse, les maladies, les changements de profession éloignent du travail des ateliers. L'apprentissage est, en d'autres termes, une vie nouvelle qui succède à celle qui s'en va. Chaque année, le nombre des survivants diminuant, apporte un degré de plus à l'intensité du mal. On peut donc inférer de là que d'ici à quelque temps les ouvriers seront encore plus rares qu'aujourd'hui, et la main-d'œuvre conséquemment plus chère.

Les apprentis ne reparaîtront en nombre suffisant pour combler le vide produit par les absents que lorsque plusieurs bonnes récoltes consécutives auront ramené la vie à bon marché.

Mais pour que cette compensation ait lieu d'une manière complète, il faudra du temps ; car il ne sera pas possible, en admettant les circonstances les plus favorables, de pouvoir effacer d'un seul coup un mal qui a été si long à se produire. Quand les récoltes auront ramené l'abondance, les ouvriers seront encore très rares, car il faudra attendre l'effet du retour de l'apprentissage.

L'industrie de Lyon a donc devant elle, c'est fâcheux à dire, de longues années de souffrance, et peut-être d'affaiblissement. Au milieu de cette pénurie de moyens d'exécution, il est à craindre qu'elle ne voie ce qui lui reste de ses articles à bon marché passer à l'étranger. Le pire de cette triste position, c'est qu'on ne s'en doute pas, car on prend pour de la force et de la prospérité, l'agitation fébrile que l'on se donne en ce moment. L'activité qui anime, à l'heure qu'il est, la fabrique de Lyon, est relativement bien moins vive qu'elle n'était il y a deux ans. Il suffira d'un réveil marqué dans les affaires en général, provoqué par la paix ou des récoltes meilleures que par le passé, pour constater ce qu'il y a de vrai dans cet état de choses, et pour avouer désormais son impuissance.

L'industrie lyonnaise, qui repose en partie sur le travail domestique ou de famille, tel qu'on le voit pratiqué dans ses petits ateliers, a de la sorte un appui bien précaire; on a toujours cru cependant que cette constitution du travail était pour elle une condition de prospérité, car on a vu dans la facilité de faire battre à volonté les métiers, une sorte de sécurité qui sauve les fabricants dans les moments de crise. On a opposé à cette organisation pleine de liberté, celle de l'industrie cotonnière qui, par ses grandes manufactures et ses machines automatiques, était forcée de marcher en tout temps, et risquait ainsi de se compromettre.

C'est par le résultat que l'on peut juger quel est le meilleur de ces deux systèmes. Quelles que soient les crises qui aient affecté l'industrie cotonnière, elle n'en est pas moins aujourd'hui dans une position relativement bien préférable à celle de l'industrie des soies. L'une souffre du mal dont tout le monde souffre, mal transitoire, il faut l'espérer, car il tient à une question économique que nous approfondirons plus loin ; mais l'autre doit ajouter à une souffrance pareille celle qui résulte pour son avenir de la désorganisation dont nous sommes témoins aujourd'hui dans ses moyens d'exécution.

L'ouvrier lyonnais est peut-être le plus intelligent qu'il y ait au monde. Pour ma part, je n'en connais point qui le vaille en France. C'est à lui seul que l'industrie des soieries doit, en ce qui concerne la fabrication, tous les procédés, toutes les combinaisons qui l'ont amenée au point de perfection où elle est aujourd'hui. On sait que Jacquard, qui a mis au jour la mécanique qui porte son nom, était un pauvre *tulliste*, et que c'est au concours de plusieurs ouvriers tisseurs, sous la direction des mécaniciens Berton et Schola que l'on doit sa vulgarisation. Tous les systèmes qui ont précédé la Jacquard étaient dus à des ouvriers. Les noms de tous ces humbles inventeurs sont pour la plupart inconnus. Ils ont été les bienfaiteurs de leur pays sans le savoir, et leur modestie n'a pas trouvé grâce devant la postérité. Les connaissances pratiques de l'ouvrier lyonnais sont prodigieuses; il se trompe rarement dans l'application de ses procédés. Cependant on en a vu plus d'un poursuivre avec cette ténacité qui mène à la misère des inventions chimériques et succomber à la peine.

Il y a vingt ans que la question du salaire a été mise en France à l'ordre du jour; c'est depuis cette époque une porte ouverte à toutes les utopies, et Dieu sait si elle ne l'a pas été à deux battants en 1848; cependant, aucune solution ne se présente, et je ne vois pas trop, si l'on en restait là, ce que deviendrait l'industrie en général.

Les choses de première nécessité sont depuis longtemps très coûteuses par le fait d'un déplacement de population, et par un surcroît de charges agricoles, tandis que le prix des produits manufacturés, qui devrait subir une hausse en rapport avec celle des matières premières, se relève difficilement. Dans de pareilles conditions, le salaire industriel est pour ainsi dire sacrifié. Cette anomalie existe en France depuis de longues années. Ce qui se passe à Lyon dans ce moment ne la modifie en rien, car la hausse du salaire est la conséquence directe de la rareté des ouvriers provoquée, on le sait, par la cherté de la vie.

On comprend sans peine qu'au milieu de ce conflit l'ouvrier soit ainsi toujours compromis, et que dans certains cas, comme celui qui se présente aujourd'hui, il proteste par son abstention ou ses justes exigences contre l'insuffisance de son salaire. Dans son ignorance, bien pardonnable, du reste, il accuse les chefs d'industrie, le gouvernement et la société tout entière ; mais il se trompe triplement. Les *philosophes*, de leur côté, appellent à son secours la prévoyance et la réglementation pour l'éloigner du séjour des grandes villes ; mais les philosophes se trompent, il faut le croire.

Il y a en France et chez toutes les nations civilisées, on le sait, deux éléments qui fonctionnent l'un par l'autre, et dont le constant équilibre est indispensable pour que le bien-être soit général. C'est l'élément agricole et l'élément manufacturier. L'un produit, l'autre consomme, et il y a entre eux un échange constant de leurs produits réciproques. Quand la loi de leur équilibre est violée dans les termes où nous le voyons depuis long-

temps, la vie matérielle de l'ouvrier est cruellement atteinte.

Or, en France, cet équilibre n'a guère été maintenu que de 1820 à 1830. C'est la période la plus
heureuse pour tous les ouvriers en général. En effet, nous en étions à cette époque-là au début de
notre développement commercial, et chacun restait à sa place. Mais depuis l'industrie a grandi, elle
a demandé des bras à l'agriculture, elle en avait
besoin; seulement il lui en est venu plus qu'il ne
lui en fallait, car le salaire et le séjour des grandes
villes offraient au peuple de la campagne une double séduction. La hausse des produits agricoles est
venue de là; il ne pouvait en être autrement, car
désormais les bras manquaient à l'agriculture, et la
somme des consommateurs agglomérés sur un
point, dépassait celle des producteurs. L'abaisse-
ment de la main-d'œuvre n'a pas tardé non plus à
se manifester, car les ouvriers trop nombreux se
sont faits concurrence entre eux.

L'esprit public en France n'a compris que bien
tard les conséquences de ce défaut d'équilibre.
Quand les bras manquaient aux manufactures, il
était naturel d'en créer d'artificiels, il fallait alors
s'appuyer sur les machines; mais l'on se rappelle
avec quelle défiance et quelle répulsion l'annonce
de leur intervention possible fut acceptée par les
ouvriers et les industriels eux-mêmes.

Il n'en a pas été de même en Angleterre et en
Amérique. Dans le premier de ces deux grands

pays, où l'élément agricole est malheureusement trop faible pour que les ouvriers puissent être heureux, il y a un siècle que, pour ne pas le détruire, l'industrie repose sur le système automatique. Dans le second, au contraire, où l'élément agricole a tant de puissance, il y a cinquante ans que l'on lutte par tous les moyens possibles pour ne pas l'affaiblir.

L'élévation du salaire et les ressources de l'épargne pour l'ouvrier ne seront donc obtenues en France que par l'application générale des machines. Partout où la force intelligente pourra être remplacée par un moteur quelconque, ce seront des bras rendus à l'agriculture et un acheminement à la vie facile.

On a à Lyon, et surtout depuis 1848, entrevu les tristes conséquences du système qu'on a suivi. De vastes établissements ont été créés, des colonies d'ouvriers ont peuplé les campagnes ; mais, pour la plupart d'entre eux, ce n'a été qu'un déplacement, car ils ont traîné à leur suite les misères de la ville.

Il est hors de doute que dans une manufacture, des métiers d'étoffes unies peuvent parfaitement être mis en mouvement ou par la vapeur ou par des forces hydrauliques. Il y a aux environs de Lyon plusieurs établissements de cette nature ; mais si je disais que le système des machines peut être appliqué aux 25 ou 30,000 métiers qui sont *intrà muros*, à coup sûr je soulèverais des flots d'incrédulité. En effet, il peut paraître étrange que cette application ait lieu quand il s'agit de métiers de nouveautés riches ou courantes, répandus dans tous les quartiers. Une machine à vapeur ne trouverait guère sa place dans une maison de cinq étages, c'est chose évidente, surtout si l'on réfléchit à l'extrême division des ateliers et à la variété des articles. Mais, en attendant qu'un agent peu coûteux et surtout peu compliqué, comme l'électricité, soit approprié d'une façon intelligente, ne peut-on pas, par une simple combinaison mécanique, faire mouvoir deux, trois ou quatre métiers à la fois? Est-ce un problème impossible? Et s'il était donné à résoudre aux ouvriers de Lyon, croit-on que sa solution devrait être introuvable! Elle ne l'était pas pour Vaucanson. Ce grand homme, dont les travaux ont surtout enrichi l'industrie des soies, avait créé une machine par laquelle plusieurs métiers étaient mis en mouvement à la fois. Je renvoie le lecteur au *Dictionnaire des Arts et Manufactures*, pour qu'il lise la description sommaire qu'en donnait le *Mercure de France*, en 1745.

Quoi qu'il en soit, qu'une découverte pareille soit un jour menée à bien, ou que l'électricité à bon marché devienne le moteur de nombreux métiers réunis dans un seul atelier, toujours est-il que l'application générale des machines à la fabrication est appelée à opérer la révolution dont le salaire a besoin pour se relever.

Je signale, en passant, la liberté ou l'absence de réglementation, l'égalité ou des lois pareilles pour l'agriculture et l'industrie, si la liberté n'est pas applicable, comme le corollaire naturel de l'intervention des machines. Mais en ce qui concerne cette question de liberté ou d'égalité, c'est le temps, c'est notre sagesse qui nous mèneront peu à peu vers sa solution, tandis que celle des machines est tangible, pour ainsi dire, à l'heure qu'il est, et d'autant plus susceptible de réalisation que la force des choses nous y pousse sans secousse et sans violence, et que le bien qui en découlera peut être même pressenti.

Les machines appliquées à l'industrie le seront certainement à l'agriculture, pourra-t-on objecter, et cette double intervention, par l'effet de la presque simultanéité, économisera des bras de tous les côtés, et nous ramènera infailliblement à l'état où nous sommes aujourd'hui, en l'aggravant même, car le nombre de bras inoccupés deviendra de la sorte bien plus considérable.

Cette objection serait juste, si l'agriculture, chez nous, était aussi avancée que l'industrie, et si cette dernière l'était davantage. Il n'en est rien, on le sait ; l'agriculture ne subira de transformation que lorsque l'association exploitera la terre comme elle commence aujourd'hui en France à exploiter l'industrie. Or, l'association ne tournera ses regards de ce côté que lorsqu'elle y sera poussée par son intérêt ou l'espérance de bénéfices ; et ceci n'arrivera que lorsque l'industrie sera régénérée, pour ainsi dire, par une organisation plus grande et plus économique, que lorsque le bien-être qui en découlera, en devenant plus général, accroîtra le nombre des consommateurs : dans ce cas-là, il faudra pour y suffire, que l'agriculture produise beaucoup plus. Les bras que l'industrie lui aura rendus seront alors insuffisants, elle devra en emprunter de nouveaux aux moyens mécaniques.

Pour le moment, la terre ne demande qu'une chose : des bras qui la fouillent pour qu'elle produise davantage ; car tout le mal de la situation, on le comprend maintenant, soit qu'on se reporte au passé, soit qu'on pense au présent, tout le mal, dis-je, est dans ce défaut d'équilibre entre les forces industrielles et les forces agricoles.

Je sais que la transformation mécanique d'une industrie est toujours longue et laborieuse. L'histoire de la Jacquard est là pour nous le prouver. Mais, de nos jours, les choses vont plus vite ; la formation des grandes maisons, l'esprit d'association et d'entreprise pousseront à cette révolution.

Pour ceux qui croient comme nous à l'intervention de la Providence dans les choses de ce monde, il y a une considération qui s'élève au dessus de toutes les questions de possibilité matérielle, et par elle, on a le droit d'espérer, quelle que soit du reste l'ignorance ou même le mauvais vouloir des populations, l'accomplissement prochain d'une pareille révolution, dans laquelle Lyon seulement n'est pas en jeu, mais bien toute la France.

Dans l'histoire d'un peuple, à chacune de ses métamorphoses, des lois providentielles se présentent d'elles-mêmes, sans qu'on s'en doute, pour rétablir l'harmonie. Chez nous, pendant le Moyen-Age, quand l'esprit de conquête était assoupi et que l'industrie n'était pas encore, la féodalité, espèce de tutelle, souvent injuste, il est vrai, sauvegardait la vie matérielle du peuple. Plus tard, quand ce peuple fut jugé capable de secouer ce joug, Dieu suscita une révolution et un conquérant pour répandre dans le monde les principes de la liberté individuelle. L'industrie fit alors son apparition. Tant qu'elle est restée dans ses conditions d'harmonie, Dieu a gardé dans sa main protectrice les trésors de sa puissance; aujourd'hui que cette harmonie est brisée, Dieu, soyez-en sûr, ne tardera pas à l'ouvrir pour nous sauver encore.

TROISIÈME PARTIE.

LES FABRICANTS ET LE CRÉDIT.

Le fabricant de Lyon, considéré au point de vue général, n'est pas un négociant, il n'en a ni les allures ni les vues spéculatives. Il n'est pas non plus un manufacturier comme on l'entend dans le nord de la France; mais il n'est pas, il s'en faut de beaucoup, un commissionnaire ou un entremetteur, comme l'avançait M. Blanqui, l'économiste, dans un rapport qui lui fut confié en 1849.

Ce qu'il faut au fabricant de connaissances techniques est quelque chose d'inouï, et la somme en est telle qu'elles constituent une véritable science multiple et compliquée et la plus importante de toutes celles réclamées dans la haute industrie. Quand on réfléchit qu'il doit posséder, d'un autre côté, tous les éléments d'un goût pur et modéré, et qui surtout ne se compromette jamais par des excès coûteux, on est forcé de convenir qu'il a une réelle valeur et qu'il ne lui manque pour figurer au premier rang que des idées plus larges, et conséquemment plus en rapport avec la grandeur de son industrie.

Sur lui, plus que sur tout autre, a déteint cet esprit italien dont j'ai déjà parlé. Il est beaucoup moins avancé qu'on ne l'est dans les départements du nord, car il est, à part quelques exceptions, complétement étranger à toutes les grandes questions économiques qui remuent le monde. Il ne les soupçonne même pas, et si M. Mimerel, le champion de la *protection*, lui tendait les bras, à coup sûr il lui ouvrirait les siens.

Le défaut d'éducation commerciale et le côté pratique de son art, dont les détails l'ont toujours absorbé, sont la cause, chez le fabricant lyonnais, de cette espèce d'apathie qui fait le fond de son caractère. Il n'a jamais pu pressentir, à travers le voile de ses habitudes, les destinées de son industrie , et ne voyant toujours que le présent , il a manqué de cette ambition qui mène aux grandes choses.

J'ai, dans la conclusion qui termine ma revue de l'Exposition, tracé à longs traits, vous le savez, Monsieur le Rédacteur, l'avenir probable du commerce des soieries de Lyon, en raisonnant dans l'hypothèse de certaines réformes que tout le monde, aujourd'hui, semble reconnaître indispensables.

Cet avenir serait brillant, sans aucun doute, et les prévisions qui le font tel, peuvent parfaitement être justifiées , si l'on se reporte au progrès immense que les besoins de la consommation ont fait faire durant ces dix dernières années à cette riche industrie. Ces besoins, désormais, ne peuvent que s'accroître, et je ne crois pas que la mode remette en faveur les tissus de laine et de coton.

Si Lyon entre dans la voie de l'économie comme production, il retrouvera à l'étranger largement ce qu'il a perdu. Les tissus de soie deviendront donc d'un porté plus général par le fait même de leur prix, qui sera moins élevé ; car on peut, sans se bercer d'une folle illusion, affirmer que, d'ici à huit années au plus, Lyon pourra produire à 30 0/0 meilleur marché, en prenant pour point de comparaison le prix moyen de 1844 jusqu'à ce jour.

Ce sont là des causes de progrès et que même l'on ne peut pas contester, ou autrement il faudrait fermer les yeux à la lumière.

Pour justifier cette diminution dans le prix de l'étoffe de soie et cet essor que j'accuse, il faut compter sur la formation de grandes maisons et sur l'économie qui en résultera pour les frais généraux ; il faut propager la fabrication peu coûteuse des articles courants, et ne tenir ces robes splendides que Lyon a exposées que comme des fantaisies qu'on peut se permettre les jours de vanité nationale, mais qu'on ne doit pas imposer à la consommation ; il faut, en un mot, se pénétrer de l'esprit large de l'industrie moderne.

Les découvertes qui sont en germe dans l'avenir joueront aussi un rôle important dans l'économie générale. Les soies étrangères se répandront de plus en plus dans la composition des étoffes ordinaires. Cette double éducation des vers dont on parle tant aujourd'hui et que l'on peut considérer comme un fait acquis, multipliera la production en exerçant une dépréciation considérable sur le prix de la soie comme matière première.

Des procédés nouveaux appliqués aux industries accessoires qui se rattachent à la fabrique de Lyon, tels que la teinture, le lisage, le dessin, etc., peuvent être pressentis.

On connaît l'appareil Acklin, qui a pour but de substituer un papier continu au carton si coûteux employé jusqu'ici dans les mécaniques à la Jacquard ; on a pu apprécier à l'Exposition cette ingénieuse découverte, qui, plus d'une fois, avait été tentée à Lyon ; mais on ne se doute pas que la photographie peut remplacer la mise en carte, et que des essais dans ce genre, couronnés d'un certain succès, se font à Paris dans ce moment.

Un dessin quelconque est peint en deux, trois, quatre ou cinq tons de noir, et forme ce que l'on nomme communément l'esquisse; ce dessin est reproduit par la photographie sur du papier réglé, préparé chimiquement à cet effet, et cette reproduction a lieu dans quatre minutes au plus. Les contours du dessin sont arrêtés ensuite avec du bleu ou du rouge, et la carte, mise sur le *semple*, est lue avec des indications d'*armure* particulière se rapportant à chaque ton, suivant les effets de fabrication qu'on veut obtenir. Si la carte est trop grande, on photographie l'esquisse en deux, trois ou quatre fois, et l'on ajuste ses différentes parties. Si enfin la mise en carte est ouvragée, on vient peindre après coup sur la *plate-figure*, les armures nécessaires. Dans tous les cas, c'est une économie de temps dont on peut se rendre compte, et le temps c'est de la monnaie, comme disent les Américains.

En présence de ce mouvement prodigieux qu'un avenir rapproché réserve à l'industrie de Lyon, vos fabricants, Monsieur le Rédacteur, ne seraient-ils pas bien coupables d'y résister en restant ce qu'ils sont aujourd'hui. Tout ce qui les entoure, tous les agents qui leur prêtent leur concours, tous les acheteurs qui cherchent et qui ouvrent des débouchés à leur production, sont intéressés à la réalisation de ce mouvement. Je ne vois pas trop ce qu'un marchand de soie, ce qu'un courtier, ce qu'un commissionnaire dont le chiffre d'affaires serait plus que doublé, pourrait perdre à la favo‑riser. Je parlerai même du propriétaire, qui verrait bientôt ses maisons désertes, si la fabrique, décimée par la concurrence étrangère, passait un jour la frontière.

J'ai cité le crédit différentes fois. En effet, voilà ce qui manque aux Lyonnais, et ce qui pourrait le plus, s'ils en étaient privés longtemps encore, arrêter l'élan de leur industrie.

Le crédit n'implique pas toujours, on le sait, le prêt avec garantie. Pris d'une manière générale et même scientifique, il exprime les ressources de la circulation ou de la mobilisation financière. C'est à l'aide de cette véritable science que les Anglais et les Américains doublent ou triplent leurs moyens d'action. Une fois engagés dans une opération commerciale, au lieu de rester immobilisés et d'être de la sorte inactifs, leurs capitaux par le mécanisme de l'escompte du billet qui représente l'engagement de leur valeur, sont rendus à la liberté et provoquent de nouvelles affaires; mais cet escompte se fait dans des conditions d'échéance que nulle place en France n'accepterait, si ce n'est Marseille, peut-être.

Les fabricants de Lyon sont complétement étrangers à cette puissance du crédit. Pour beaucoup d'entre eux, c'est une lettre morte, et même une hérésie. Pour beaucoup de négociants français, partisans en cela des principes timorés de J.-B. Say, c'est un volcan toujours prêt à vomir des laves.

Oui, il ne faut pas abuser du crédit; mais quand on en a besoin, et qu'on ne peut avoir autre chose, il faut bien s'en servir. Condamner le crédit, parce que les crises commerciales pourraient avoir chez nous, comme en Angleterre, un degré d'intensité auquel nous ne sommes pas habitués, ce serait condamner les chemins de fer parce que les accidents, quand ils ont lieu, atteignent des proportions plus grandes que ceux des diligences. A coup sûr, une thèse pareille ne peut se soutenir en 1855, à moins que nous ne revenions vingt ans en arrière.

On sait que les capitaux, entraînés par un placement facile, et par des bénéfices qui n'en sont pas toujours, vers les opérations de bourse, ont, pour ainsi dire, déserté à jamais la fabrique de soieries. Mais ce qui arrive à Lyon a lieu en France à peu près partout, ce qui veut dire que l'argent n'est pas en proportion du mouvement industriel. Et, chose digne de remarque, parce qu'elle accuse la nécessité d'une révolution dans le commerce français, deux faits se présentent à la fois : les bras qui manquent à l'agriculture et qui encombrent l'industrie ordinairement, et les capitaux qui fuient cette dernière pour s'immobiliser dans les entreprises publiques. A coup sûr, si, pour rendre à l'agriculture les bras dont elle a besoin, vous voulez en créer d'artificiels, à l'aide des machines appliquées aux fabriques, vous reconnaîtrez également que, pour attirer à vous les capitaux que vous n'avez pas, vous serez bien forcé d'en demander au crédit, — ou autrement vous n'aurez rien fait.

Donc, c'est l'argent, comme je l'ai dit, qui manque aux fabricants, et c'est le crédit qui leur en donnera. Mais comment organiser le crédit?

J'ai entendu bien souvent à Paris des Lyonnais m'exposer leur théorie. D'après les uns, il faudrait provoquer chez leurs acheteurs des réglements immédiats et à une échéance légale. Selon d'autres, il faudrait demander aux marchands de soie un terme de paiement plus éloigné, et, à cet égard, on cite la fabrique de Zurich, qui existe par le moyen des comptes-courants. Mais, dans l'un et l'autre cas, on se place tout à fait à côté de la question; c'est méconnaître les lois les plus simples en matière commerciale, que d'invoquer de pareils moyens de guérison. On aura déplacé le mal, et ce dont on souffre soi-même d'autres en souffriront. Il faut laisser aux acheteurs, dans les limites de la prudence, leur liberté de réglement. Il faut laisser aux marchands de soie l'argent dont ils ont besoin pour faire des avances à leurs consignés, et se rappeler que les prétendus avantages dont jouissent les Suisses sont précisément ce qui mine leur industrie. Pour bien acheter, il faut payer promptement.

Un fabricant qui a ses capitaux immobilisés dans les mains d'un acheteur, et qui dans ce cas en attend la rentrée pour agir de nouveau, se procurera des fonds en cédant, à un taux débattu, le titre de sa créance. Cette substitution n'est pas autre chose que celle pratiquée dans les mers du Sud, entre les importateurs et les banquiers anglais. Y a-t-il une impossibilité matérielle à pratiquer, dans une ville comme Lyon, ce mode de substitution.

Si un négociant quelconque demande des capitaux à un banquier accidentellement et à titre de prêt, à coup sûr, le banquier les lui refusera, à moins que ce négociant n'ait une solvabilité de notoriété publique. Dans ce cas-là, la solvabilité de l'emprunteur devient un gage, pour ainsi dire, vis-à-vis du prêteur. Ceci n'est pas une opération de banque, mais simplement un service rendu, et qui conséquemment ne donne pas lieu à répétition.

Mais si Paul, moins connu que ce négociant, a vendu 50,000 fr. de marchandises à Jean, et si, gêné dans son commerce par l'immobilisation de ce capital, Paul demande 50,000 fr. à ce même banquier, quel titre devra-t-il présenter et quelle garantie devra-t-il offrir pour les obtenir. Il n'offrira pas son *crédit* personnel, c'est un gage insuffisant, mais si Jean, le débiteur, jouit d'un crédit reconnu et incontesté, croit-on que Paul, l'emprunteur, en cédant à ce banquier le titre de sa créance ne demandera pas une garantie positive ?

Paul imposera-t-il à Jean une échéance déterminée? Non. Il suffira seulement qu'il obtienne, par écrit, la reconnaissance de ce que Jean lui doit, pour que cet écrit soit un titre et devienne de la sorte un gage dans les mains du prêteur. Il faut bien qu'on se pénètre avant tout, que de la part du débiteur Jean, ce n'est pas un réglement qu'on lui demande, mais bien une déclaration pure et simple de dette, endossée ensuite par la cession de l'emprunteur. C'est, après tout, un prêt sur gage ; et il n'y a comme différence entre cette opération et celle de l'escompte ordinaire, que cette seule chose, c'est que dans la première, le gage est immobilisé, et que dans la seconde, il est négociable ou susceptible de mobilisation.

Il faut, pour accepter ce mécanisme qui, dans le XIVe siècle était pratiqué à Florence par quatre-vingts comptoirs d'escompte et de prêt, vis-à-vis la corporation des drapiers, se rappeler que l'on est à Lyon, et que les acheteurs et les fabricants, par leur solidité réciproque font, de cette ville, la place la plus sûre peut-être qu'il y ait au monde.

Les acheteurs, en moyenne, paient leurs factures à 90 jours de date. Exiger d'eux un réglement immédiat, ce serait, je l'ai dit, entraver les transactions et les rendre même impossibles. L'usage a consacré ce mode de paiement, il faut le maintenir, quoique cependant on doive reconnaître que, si le réglement suivait la livraison, comme on le pratique dans la *commission* et dans les industries bien constituées, la fabrique de Lyon n'aurait pas besoin d'autre chose.

Cette manière de faire est un reste du passé, et les Lyonnais, en l'acceptant autrefois, ne se sont jamais douté qu'ils seraient les premiers à en souffrir. C'est en cela qu'ils ont méconnu l'intervention puissante du crédit.

C'est le crédit qui fonde les grandes industries, elles ne le deviennent que par lui. Un commerce qui repose, comme celui de Lyon, sur le système étroit d'acheter et de payer, de vendre et d'attendre ses fonds pour recommencer une nouvelle opération, un commerce pareil est un commerce de boutiquiers ; je m'y reconnais. Il ne le sera plus, si l'on sait faire jouer au travers ce ressort du crédit tel que je l'ai dépeint. Une fois qu'on se sera familiarisé avec lui, on n'aura plus à le redouter.

Craint-on qu'un développement industriel provoqué de la sorte puisse compromettre la solidité des fabricants ou les engager dans des affaires au delà de leurs forces ?

Il faut qu'on sache que dans les transactions d'un Lyonnais, il n'y a rien d'aléatoire ; il s'agit pour lui de fabriquer avec économie et vendre avec bénéfice. Il lui est plus dangereux de manquer d'argent que d'en avoir trop ; car le besoin, dans certains cas, l'empêche souvent d'attendre le moment favorable de la vente.

La nature de ses opérations tend aussi à se modifier d'une manière favorable pour ses intérêts. La facilité des communications lui amène des acheteurs de tous les points du monde. Son état de servitude, et on me comprend, commence à faire place à un état d'indépendance, en ce sens que les *ordres* qui l'enchaînaient autrefois, et desquels il dépendait, se changent peu à peu en affaires de tous les jours, de tous les instants, traitées avec plus de liberté et surtout plus de profit. De ce côté-là, il entre sans s'en douter dans le système des fabricants du nord, mais d'une manière moins exclusive et surtout avec plus de sécurité ; car ses articles, s'ils sont bien entendus, ont sous ses yeux un écoulement normal, et des commissions qu'on lui offre, il n'accepte bien que celles qui lui conviennent.

Il s'agirait maintenant, pour revenir au mécanisme de ce crédit tel que je le présente, de déterminer quelle serait la quotité d'intérêt que l'emprunteur pourrait offrir à son prêteur.

On peut, je l'ai dit, prendre à Lyon le terme de 90 jours comme l'échéance moyenne pratiquée par les acheteurs vis-à-vis des fabricants.

Ce point admis, si Paul, qui a vendu 50,000 fr. de marchandises à Jean, emprunte 50,000 fr. à un banquier, je dis qu'il le fera au taux de 6 0/0; plus 1 0/0 de provision de banque, et que si, au bout de 45 jours, il a retiré, parce qu'il a été payé par Jean, son titre ou sa cession de créance, il lui sera bonifié 1/2 0/0 sur la provision de banque, tandis que si le retrait n'a lieu qu'après 90 jours, parce que Jean ne l'a pas payé, la provision de 1 0/0 sera doublée. De cette façon-là Paul aura un intérêt direct à retenir ses acheteurs sur la pente naturelle de cette licence qui les porte toujours à reculer leurs échéances.

On demandera maintenant, et on aura raison de s'en enquérir, où et comment l'on trouvera les capitaux nécessaires pour une institution de cette nature. On connaît les merveilles accomplies en France en fait de travaux publics par l'agrégation financière. De nos jours, on a vu l'industrie métallurgique complétement transformée par l'association, et placée de la sorte dans des conditions de vitalité qui lui permettront, d'ici à peu de temps, de regarder en face la concurrence de l'Angleterre. C'est par des moyens pareils qu'une banque de crédit peut être organisée à Lyon : quand les bénéfices résultant de ses opérations seront évidents, tangibles même pour les capitalistes, les 25 ou 30 millions qu'il faut engager pour soutenir la fabrique lyonnaise ne seront pas longtemps à répondre à l'appel qu'on leur fera.

J'ajoute enfin, pour en finir, que cette intervention du crédit ne jouera pas un rôle normal dans les transactions des fabricants. Elle ne viendra que les appuyer et augmenter leurs forces en tant qu'ils en justifieront le besoin, pour ainsi dire, et qu'ils présenteront, même, dans de certaines limites, une espèce de responsabilité morale et financière.

On a, à l'endroit du numéraire, des idées qui lui donnent un caractère étrange de fétichisme. Ces idées sont un reste du passé, alors que l'industrie n'étant pas née, le numéraire était considéré comme le lien sacré de l'échange dans les rapports ordinaires de la vie.

Les Arabes, dans les premières années de l'occupation française, cachaient leurs douros dans la terre, à l'insu de leurs femmes et de leurs enfants, pour s'en servir au fur et à mesure de leurs besoins. Aujourd'hui, ces mêmes Arabes, au contact de notre civilisation, commencent à comprendre les ressources de la circulation et les profits de l'échange d'une manière plus générale qu'autrefois. Ils trafiquent, et au lieu d'enfouir leurs douros comme par le passé, ils les mettent dans des maisons qu'ils construisent, ou dans des marchés qu'ils engagent.

C'est là l'histoire de toutes les sociétés. Le crédit marche avec la civilisation. Il en est la conséquence. Et la forme de ce crédit se modifie dans un sens plus large, suivant l'extension industrielle.

C'est ce qui explique pourquoi l'Angleterre, plus avancée que nous en industrie, l'est aussi plus que nous en matière de crédit.

Néanmoins, le crédit n'est pas encore compris en Europe comme il faut qu'il le soit, et la pratique de cette science n'est pas, il s'en faut, à la hauteur de sa théorie. On y viendra, il n'en faut pas douter; chaque pas en avant que l'Europe fait dans l'industrie est un pas de plus vers l'élargissement du crédit. Les économistes disent que l'argent est de la marchandise. Ils ont raison; mais vous ne verrez aucun économiste, qu'il soit manufacturier ou banquier, le traiter comme tel.

L'argent, qui est de la marchandise, après tout, ne se vend qu'avec des précautions cauteleuses. On le vend communément contre deux ou trois garanties irréprochables, c'est à dire deux ou trois signatures. L'acheteur, ou ses garants, doit le payer au bout de 90 jours, à jour fixe, sans aucune prorogation. C'est même d'une manière mystérieuse que cet achat se fait, car il est reçu qu'on ne peut pas négocier sa signature dans la ville que l'on habite.

La marchandise, au contraire, qui est de l'argent, est vendue au premier venu qui présente une ombre de solvabilité : de caution, on ne lui en demande point ; d'échéance, on ne lui en impose pas. On ne peut mieux faire, en vérité.

Qu'est-ce donc que la marchandise?

Qu'est-ce donc que l'argent?

Il y a deux sortes de marchandises, la marchandise matière première et celle manufacturée. 50,000 fr. de blé achetés aujourd'hui, seront 50,000 fr. aujourd'hui ou demain, si le cours est celui auquel j'ai acheté, et ils peuvent être plus, comme ils peuvent être moins, suivant les fluctuations du marché.

50,000 fr. de marchandises manufacturées, si mon achat a été mal fait, seront moins de 50,000 fr. aussitôt mon marché conclu, et même en admettant que les meilleures conditions aient présidé à cette transaction, la transformation de ces 50,000 fr. de marchandises en espèces sera toujours quelque chose d'aléatoire.

Il n'en est pas de même du numéraire. 50,000 fr. d'argent ou billets de banque auront cette valeur en tout temps, en tout lieu, au change près. Je pourrai les renfermer dans mon portefeuille, et faire en leur compagnie le tour du monde, tandis que si j'en voulais faire autant avec mes charges de blé, il me faudrait une caravane de mulets.

Ceci explique la supériorité du capital sur la marchandise, sans justifier cependant la part que l'on fait à l'un et le dédain que l'on a pour l'autre. Entre le capital que l'on vend avec l'obligation de deux ou trois signatures et d'une échéance fixe, et la marchandise que l'on achète sans garantie et à un terme presque arbitraire, il y a une différence, on en conviendra, qui n'est pas celle de la valeur du capital à la valeur de la marchandise.

Que conclure de là, sinon que l'expérience industrielle devra rétablir cet équilibre dans de justes proportions, et que nous marchons, par la force des choses, vers une interprétation du crédit plus en rapport avec les besoins de notre époque.

Dans le monde entier, la science commerciale a progressé. Celle du crédit est restée stationnaire. Entre l'Amérique qui négocie du papier à 8 mois de terme, et la France qui le fait légalement à 90 jours, il y a une question d'échéance et pas autre chose ; c'est déjà considérable, il faut l'avouer, et c'est de la part de l'Amérique un acheminement à l'expansion libérale du crédit. La ville de Marseille est dans une voie semblable, et c'est de là que partiront dans notre temps et pour notre pays toutes les réformes financières qui sont aujourd'hui pressenties.

Ce que l'on peut attendre de ces réformes, ce n'est pas la vente pure et simple du numéraire dans des conditions identiques à celles de la marchandise, mais bien l'extension de l'échéance et le prêt sur garantie avec la faculté de l'immobilisation temporaire, tel que nous l'avons vu dans ce projet d'institution de crédit appliquée à la fabrique de Lyon.

Les services que rend en France le commerce privé de la banque, sont des services d'escompte, et de compte-courant. Ce sont là des transactions peu compromettantes pour les banquiers, et qui cependant ne les enrichissent guère. Esclaves des traditions du passé, ils sont et ne peuvent être que des financiers comme on l'était il y a deux cents ans.

Ce n'est pas sur eux qu'il faut compter pour l'expansion du crédit, mais bien sur l'association qui dans les grandes entreprises publiques qu'elle a fondées ne s'est jamais effrayée de l'immobilisation des capitaux engagés dans le matériel de ces entreprises. C'est à cette association intelligente que l'on devra les premiers établissements de crédit. Qu'elle retire des dividendes de l'exploitation des chemins de fer, ou des prêts qu'elle fera à l'industrie, peu lui importe, pourvu qu'elle trouve un bénéfice.

La Banque de France, qui rend des services éminents au commerce français, a un titre plus grand que ces services mêmes à la reconnaissance publique. Quoique ses statuts soient à peu près les mêmes qu'au premier jour de sa fondation, elle a été jusqu'à présent à la hauteur de l'intelligence publique en fait de crédit. Tel peuple, telle banque. Mais le caractère de moralité dont elle est revêtue, moralise toutes les transactions financières. Voilà ce qu'on lui doit. Elle sert d'étiage, pour ainsi dire, au taux de l'intérêt. Par elle, l'escompte a une sorte de fixité ; par elle encore la circulation est régulière.

On l'a accablée, il y a quelques jours, de malédictions sans nombre au sujet de l'élévation de son escompte. Mais, en vérité, les mesures qu'elle a dû prendre étaient parfaitement justifiées. En présence de son encaisse métallique qui s'épuisait, que voulait-on qu'elle fît. Je demanderai à ceux qui la blâment, ce qu'ils auraient fait eux-mêmes. Pouvait-elle courir la chance de voir son encaisse à sec, et suppose-t-on que c'est avec son portefeuille qu'elle aurait pu faire face au remboursement de ses propres billets.

Il y a en France, comme partout, des capitaux flottants, avides de bénéfices et toujours à l'affût de ceux qui se présentent ; un beau jour, ces capitaux ont été faire à Londres un arbitrage sur les fonds anglais. Si ces capitaux eussent été occupés à soutenir dans des institutions de crédit l'industrie française, qui a un si grand besoin de l'être, ils n'auraient pas passé la Manche, et par un tel vagabondage, ils n'auraient pas provoqué les mesures que la Banque a dû prendre.

Cette digression m'a complétement écarté de mon sujet ; mais on comprend qu'elle était nécessaire pour appuyer le plan que j'ai esquissé plus haut et qui est en dehors pour le moment des traditions financières.

J'ai dit, Monsieur le Rédacteur, que le crédit seul faisait une industrie grande et prospère, mais le crédit joue un autre rôle ; par son caractère philosophique, car il repose sur l'association, cette base des sociétés modernes, il moralise une industrie, il étouffe l'usure, cette plaie cachée que la loi punit et que la morale condamne.

Je souhaite d'être compris, mais je sais qu'il y a à Lyon beaucoup de gens qui, comme le docteur Pangloss, trouvent que tout est pour le mieux dans le meilleur des mondes possibles. Ces gens-là sont les écrevisses de notre époque. Le passé pour eux a plus d'attrait que l'avenir, et parce qu'ils méconnaissent le progrès qui est le but de l'humanité, ils se cramponnent au présent avec la ténacité de la routine et de l'ignorance. Je ne m'adresse pas à eux, j'écris pour ceux qui cherchent un horizon plus vaste que celui qui nous est

fait, qui portent dans l'âme des idées larges et gé-
néreuses, et qui, comprenant le but du travail,
cherchent à en élargir le cercle pour que tous y
trouvent place.

Bien souvent, en étudiant la fabrique de Lyon j'ai
été frappé de cet excès de grandeur sous lequel
elle apparaît, et de ce degré de petitesse qui la re-
trécit d'un autre côté.

J'ai précédemment appelé l'attention du lecteur
sur les hautes destinées que l'avenir lui réserve;
par manière de contraste, je vais faire ressortir les
causes de son infériorité chronique.

Lyon fait un chiffre d'affaires que l'on peut, sans
exagération, évaluer de 350 à 380 millions; eh
bien! quel est le capital que vous croyez figurer
dans la circulation industrielle pour produire la
somme de sa production générale? C'est tout au
plus 50 millions, c'est-à-dire le capital d'une grande manufacture anglaise.

On est dès lors étonné des expédients et des
atermoiements auxquels il faut que cette grande
ville ait recours pour soutenir son industrie, et
même on n'est plus surpris qu'elle n'ait pas la
force, puisqu'elle n'en a pas les moyens, d'arrêter
les empiétements de la concurrence étrangère.

On se demande ensuite d'où peut venir cette
pauvreté de ressources, quand on réfléchit que
l'industrie de Lyon est, après celle d'Aubusson,
dont l'importance n'est rien en comparaison, la
plus ancienne de France. A coup sûr, l'accumula-

tion d'une fortune manufacturière qui a mis 400 ans à se former, doit être formidable. Tout étonnement cesse quand on connaît le fabricant de Lyon.

Le fabricant de Lyon a oublié sa noble origine ; il ne sait pas que ses ancêtres, dans les villes italiennes du Moyen-Age, trouvaient dans l'exercice de leur profession de véritables titres de noblesse, et que cette profession était relevée par l'intelligence et par l'éducation. Il n'a conservé de cette origine que la tradition d'un esprit stationnaire, comme je l'ai déjà dit, et qui puisait, dans ce temps-là, sa raison d'être dans le caractère commercial de l'Italie. Les familles de Gênes, de Venise, de Florence, qui vinrent dans les XVe et XVIe siècles s'établir à Lyon, sont aujourd'hui toutes éteintes, et je ne crois pas qu'un seul fabricant puisse faire remonter jusque-là son origine. S'il en était un, je le proclamerais, pour ma part, plus noble qu'un Rohan.

A ces familles puissantes succédèrent peu à peu les Lyonnais eux-mêmes et une masse d'individus des provinces voisines. C'est à ces derniers, qui sortaient d'un centre où la civilisation du temps n'avait pas encore pénétré, qu'on doit surtout l'esprit qui fait le fonds aujourd'hui du caractère lyonnais. Celui qui découle de l'influence industrielle de l'Italie est devenu l'esprit général du peuple français ; mais à Lyon, il a été modifié par l'effet de l'immigration dont je parle.

Dans le siècle passé, l'ouvrier sur les métiers à *la tire* et dans la fabrication des velours amassait une petite fortune, devenait chef d'industrie, et se comportait dans cette nouvelle position avec la même portée de vues et d'idées qu'il avait quand il était sur sa *banquette*. Telle est l'origine, après celle de l'Italie, du commerce lyonnais.

De nos jours il en est ainsi : ce sont encore des ouvriers aisés et des gens des localités voisines qui deviennent fabricants ; mais comme l'ambition commerciale leur manque, en général, ils ne font que passer, ne se souciant même pas de laisser à leurs héritiers leur succession industrielle. On ne voit donc pas à Lyon, comme en Angleterre, de ces maisons puissantes qui se continuent de père en fils, et qui tiennent à honneur l'ancienneté de leur existence. La fabrique de Lyon, ainsi renouvelée par des éléments toujours les mêmes, et de plus, essentiellement transitoires, manque ainsi de ce caractère d'hérédité qui fait la force des idées et des capitaux.

Dieu me garde de déplorer la présence de cet élément plébéien dont j'ai parlé, et qui, avec le temps, a succédé à celui de l'Italie ; seulement, au lieu de venir du Bugey, de l'Auvergne ou de la Savoie, il serait à désirer aujourd'hui qu'il vînt du nord de la France, où l'esprit industriel a une plus grande portée.

C'est à cette entrée dans la fabrique lyonnaise d'immigrants toujours nouveaux, que l'on doit attribuer l'absence, jusque-là inexpliquée, d'hommes politiques ou versés dans les grandes questions économiques. Si vous allez au Havre, à Bordeaux, vous trouverez des négociants aux vues larges et étendues, dont plusieurs ont joué un rôle toujours remarqué dans les ministères ou le parlement. A Lille, à Rouen, à Mulhouse, vous rencontrerez des industriels qui ont doté leur pays de vastes manu · factures, et qui ont eu assez de puissance pour peser sur les derniers gouvernements, en organi- sant la ligue de la *protection*.

Il y a certainement, à Lyon, plusieurs fabricants d'une haute valeur, un nombre plus grand encore de commerçants familiarisés avec toutes les idées de notre temps ; mais ils sont étouffés dans la foule, et leur voix méconnue, si elle s'élevait ja- mais, resterait sans écho.

L'intervention des machines d'une part, et d'une autre celle du crédit, mèneront donc le commerce des soieries au système des grands établisse- ments.

Mais ce système, quel est-il? demandera-t-on. C'est celui, répondrai-je, qui a créé, à l'heure qu'il est, des maisons de huit ou dix millions ; seule- ment, il le faut plus vaste, plus élargi et plus en rapport avec la marche ascendante de l'industrie.

Dira-t-on que c'est créer le monopole et que c'est tendre à une aristocratie nouvelle? Mais le monopole existe aujourd'hui plus puissant qu'il ne le sera jamais, car les maisons qui ont grandi par la force des capitaux écrasent les petites qui n'en ont pas. Seulement ces dernières n'ont pas l'intelligence de s'en douter, et elles continuent de la sorte une lutte qui les épuise. Quant à la question d'aristocratie, ce thème éternel, je demanderai si l'aristocratie ne passe pas tous les jours dans la rue, et si M. X... ou M. Z..., etc., anciens ouvriers ou fils d'ouvriers, n'en donnent pas à chaque instant une édition toujours nouvelle?

Pourra-t-on croire enfin que c'est du fractionnement même que naissent, à Lyon, ce goût et cette science technique qui ont établi sa supériorité? Partant de là, supposera-t on que l'unité des grandes maisons viendra briser ce que l'on prend pour un rayonnement continuel? Il n'en est rien. Comme *disposition*, le sentiment de la nouveauté est à Paris. C'est de là que les fabricants tirent toutes les formes et les compositions nouvelles, qu'ils approprient ensuite, avec le goût qui les distingue, à leurs différentes fabrications. Ce qui fait la force de Lyon, c'est sa vieille réputation, qui lui permet d'imposer à tous les acheteurs du monde, les mille caprices de sa fantaisie. Mais il faut remarquer qu'au fur et à mesure qu'il s'élèvera vers la grande industrie, il imprimera à la consommation un caractère de stabilité qui mettra un terme aux variations désespérantes de ce qu'on nomme aujourd'hui la nouveauté.

Pour ce qui est de la science du fabricant, celle qui crée des tissus, qui trouve des procédés nouveaux, science profonde, je le reconnais, elle aura ses coudées franches dans les grandes maisons, bien mieux qu'elle ne les a aujourd'hui dans cette division infinie dont nous sommes témoins ; car les essais toujours coûteux qu'entraînent les découvertes, n'auront rien qui les effraient.

Tel est, Monsieur le Rédacteur, l'état de l'industrie des soies. Cette industrie est puissante, mais elle n'est pas ce qu'elle devrait être ; on peut dire même qu'elle est méconnue à Lyon comme en France, et qu'on ne soupçonne pas à quel degré de prospérité elle pourrait s'élever, si elle avait pour être soutenue, les forces que le coton a eues pour être protégé.

Moi, simple et modeste marchand de Paris, en vous écrivant, Monsieur, ces longues pages qui me font oublier les pratiques qui affluent dans ma boutique, je n'ai qu'un but, vous le savez, c'est celui de signaler à l'attention publique une richesse nationale qui pourrait s'amoindrir, si on ne coupait pas court aux errements du passé. Je souhaite que Lyon la conserve ; mais, ce que je désire avant tout, c'est que, morcelée, elle ne quitte pas la France ; ce que je demande, c'est qu'on la fasse si forte, que l'étranger ne puisse rien contre elle.

La soie ne constitue pas seulement une grande industrie, elle est en même temps une immense production agricole, la fortune de tous les départements du midi. Par les merveilles qu'il a exposées, Lyon a séduit le monde entier. La France, à juste titre, s'est montrée fière de ce concert d'éloges qui lui étaient décernés. Mais il ne faut pas s'endormir au milieu de ce triomphe; car, sous cette pompe qui le couvre, Lyon, comme vous l'avez vu, cache un épuisement de longue date. Cette industrie, qui tient au sol et au génie de notre pays, doit rappeler à elle, par une nouvelle organisation, une partie de ce que la concurrence étrangère lui a pris. Elle doit être avant tout l'industrie de la France, et quand cette voie de *liberté* dans laquelle le progrès nous pousse peu à peu et sans ébranlement sera complétement ouverte, elle deviendra, en ce qui la concerne, l'industrie de toute l'Europe.

Si le coton est la soie du pauvre, la soie, par contre, est le coton du riche, ou de celui qui s'apprête à le devenir; tous deux suivent une marche à la fois parallèle et divergente, mais avec une solidarité dont on ne se doute pas. Quand le coton descend au plus profond des masses, la soie s'insinue au plus bas de la bourgeoisie. Ce que l'un perd, l'autre le prend. La prospérité du coton accuse celle de la soie; mais dans les moments de crise, cette dernière est moins atteinte. La consommation du coton a maintenant toute la fixité qu'elle peut avoir, si ce n'est dans le peuple, où elle est appelée à augmenter, tandis que la soie, qui a pour elle les classes riches et une partie de la petite bourgeoisie, a tout à conquérir ailleurs.

La somme du coton manufacturé s'élève, en Europe, à un chiffre qui dépasse plusieurs milliards. Celle de la soie est tout au plus de 900 millions. Si l'on compare leur valeur relative, on trouve que l'un revient, en moyenne, à 12 francs le kilogramme, tissu, toile peinte ou calicot, tandis que l'autre dépasse 120 francs; on peut donc inférer de là, et par l'effet du rapport qu'il y a entre elles, ainsi que par la différence de leur chiffre de production, que l'industrie de la soie a un accroissement immense en perspective, tandis que celle du coton l'a beaucoup moins grand. Le coton repose, il est vrai, sur une consommation bien plus forte que celle de la soie, mais le prix de cette dernière a dix fois plus de valeur.

Tout ceci ne tend pas à prouver que la somme de la soie manufacturée atteigne jamais celle du coton, qui, par son prix et la variété de son emploi, aura toujours une importance plus considérable; mais si l'on fait entrer en ligne de compte le luxe croissant, et seulement le bien-être qui est la conséquence du travail, on admettra sans coup férir que la soie est pour notre nation un élément de prospérité sans égale, et qui vaut la peine qu'on y pense. Il est donc prudent de se préparer à réunir ses forces pour être à la hauteur de telles destinées. Les réunir, c'est se transformer.

J'ai souvent parcouru, Monsieur le Rédacteur,

cette immense ville de Lyon, dont M. Michel Chevalier a tracé un si poétique tableau. Je me suis perdu plus d'une fois dans ses rues tortueuses et noires. Ses vieilles maisons hydropiques et lépreuses, que le soleil n'éclaire jamais, font un contraste frappant avec les nobles édifices de ses places et les somptueuses demeures qui s'épanouissent sur les bords de son fleuve, en face des Alpes, à l'horizon. En voyant, à mon dernier voyage, la pioche des démolisseurs pratiquer une large saignée à travers l'inextricable réseau de ses vieux quartiers, je me suis figuré son industrie, et me suis dit : Là aussi, il faut le marteau de la réforme pour faire ressortir ce qui est beau et grand ; là aussi, il faut de l'air et du soleil pour que la vie y circule avec plus de force et de liberté.

ERRATUM. — Page [illegible], [illegible] ligne, au lieu de *demandera,* lisez *donnera.....*

Chanoine, impr. à Lyon.